# TECHNIQUES ET PRATIQUE

Christine Tagliante

# La classe
# de langue

NOUVELLE
ÉDITION

**CLE**
INTERNATIONAL

**Crédits photographiques :**
Couverture : g Matthias Jung/LAIF-REA – m F. Maigrot/REA – d Romain Degoul/REA

Direction éditoriale : Michèle Grandmangin
Édition : Dominique Colombani
Conception maquette et mise en pages : Alinéa
Couverture : Alinéa
Correction : Jean Pencreac'h

# Sommaire

DEUXIÈME PARTIE

# DÉMARCHES MÉTHODOLOGIQUES ET FICHES D'ACTIVITÉS DE CLASSE

# Avant-propos

## « Au coin du fle »

Le titre de l'avant-propos suggère une soirée paisible, passée à feuilleter l'ouvrage d'un auteur qui a connu les perturbations dues à la naissance de ce qu'on appelle le fle [fl ?].

Les pages qui suivent s'adressent aux enseignants de fle débutants, c'est-à-dire à ceux qui en savent déjà beaucoup, mais qui sont parfois démunis devant un problème d'apprentissage et qui ont le souci d'intégrer une réflexion analytique aux activités pratiques qu'ils proposent en classe.

Depuis la première édition de cet ouvrage, qui date de 1994, la parution, en 2001[1] du *Cadre européen commun de référence pour les langues : apprendre, enseigner, évaluer*[2] (CECR) – ouvrage aussitôt considéré comme majeur – est en passe de bouleverser les mentalités et les pratiques de classe. En France et dans un certain nombre d'autres pays européens[3], voire hors des frontières de l'Europe, des décisions politiques concernant la l'apprentissage des langues se font jour : réforme des programmes de langues, réforme de la composition des groupes classes, réforme des évaluations des acquis de l'apprentissage.

En France, le CECR fait magistralement son apparition dans les programmes scolaires de l'école primaire, du collège et du lycée, et s'efforce, avec les moyens dont dispose le ministère de l'Éducation nationale, de l'enseignement supérieur et de la recherche, de percer dans le domaine de la formation.

La formation des enseignants, longtemps réservée au CREDIF et au BELC, a désormais une place bien reconnue dans les programmes des mentions fle des licences, de la maîtrise de fle et dans les différents masters existant au sein des universités.

Cependant, même si petit à petit, le français comme langue enseignée aux étrangers commence à être abordé en formation initiale, cette discipline n'est toujours pas référencée dans les concours d'accès à l'enseignement, elle n'est donc soumise à aucun programme d'enseignement précis et se trouve en quelque

---

1. Année européenne des langues.
2. *Cadre européen commun de référence pour les langues : apprendre, enseigner, évaluer*, élaboré par un groupe d'experts de la Division des poltiques linguistiques du Conseil de l'Europe. Téléchargeable sur le site du Conseil de l'Europe http://www.coe.int/T/F/Coop % E9ration % 5Fculturelle/education/Langues/ et publié aux éditions Didier, Paris, 2001.
3. Ministères en charge de l'Éducation ayant adopté le Cadre européen commun de référence : l'Espagne, le Portugal, l'Italie.

sorte en zone de non droit. Le fle bénéficie ainsi depuis toujours d'un espace de liberté.

## Comment trouver des éléments de réponse à vos questions ?

Cet ouvrage ne répondra pas à tous les problèmes que se pose un enseignant débutant tant il est vrai qu'on n'apprend à enseigner qu'en enseignant et que, selon la formule consacrée, on enseigne moins ce que l'on sait que ce que l'on est. On trouvera ici certains éléments de réponse ainsi que des indications bibliographiques qui permettront d'approfondir le travail personnel.

Dans ce livre alternent des réflexions théoriques, des informations, des partis pris parfois, des pistes méthodologiques pour des pratiques de classe concrètes et des stratégies pédagogiques.

La première partie présente le fle en tant qu'objet méthodologique et témoigne de la diversité des manuels d'apprentissage et des méthodologies qui se sont succédé. On y trouvera des propositions pour organiser une classe autour d'un contrat d'apprentissage qui lie étroitement les deux principaux acteurs de la formation : l'enseignant et l'apprenant.

Dans la seconde partie figurent des fiches pratiques :
– certaines proposent des pistes et des démarches centrées sur les principaux objectifs communicatifs, linguistiques et culturels indiqués par les descripteurs du *Cadre européen commun* ;
– d'autres présentent des activités de classe basées sur des tâches communicatives à faire réaliser et illustrent la démarche pédagogique, à l'aide d'un document-support.

En fin d'ouvrage, on pourra consulter :
– une sitographie sélective ;
– une bibliographie.

Première partie

# La langue : enseignement et apprentissage

# Chapitre 1

# La langue : enseignez-vous le fle, le flm, le fls ou le fos ?

Les définitions de ces sigles peuvent varier d'un pays à l'autre, voire dans un même pays, il est donc important de les clarifier.

Premier exemple : dans un pays étranger, le français sera langue seconde s'il est étudié comme deuxième langue étrangère. Dans un autre pays, il sera langue seconde s'il est la deuxième langue, apprise directement après la langue maternelle. En revanche, en France, dans ce dernier cas, on dit que cette seconde langue est « première langue vivante »...

Deuxième exemple : en France, depuis la création des classes qui dans le système scolaire accueillent les enfants de migrants[1], le débat est extrêmement vif sur l'utilisation dans ces classes d'une méthodologie d'enseignement qui relève soit du fle (français enseigné en tant que langue étrangère), soit du fls (français langue seconde ou français langue de scolarisation). Cette différence tend, semble-t-il, à s'atténuer. De fait, on parle aujourd'hui de « français, langue de l'école », dont le sigle n'est autre que fle...

## LE FLE : LE FRANÇAIS LANGUE ÉTRANGÈRE

C'est tout simplement la langue d'apprentissage pour tous ceux qui ont une autre langue que le français comme langue maternelle.

L'expression « français langue étrangère » (fle) est apparue sous la plume d'André Reboullet, en couverture de la revue *Les Cahiers pédagogiques*, en mai 1957.

---

1. Dans les années 1970, des structures d'accueil des enfants et des adolescents nouvellement arrivés en France pour lesquels la maîtrise de la langue française est inexistante ou insuffisante, ont été mises en place, pour les élèves relevant de l'école, du collège et du lycée (enseignement général et enseignement technologique et professionnel). Depuis quelques années, ces enfants sont souvent plus âgés et plus nombreux et il arrive qu'ils n'aient pas été scolarisés dans leur pays d'origine. De nouvelles mesures renforçant les moyens liés à la scolarisation et à l'intégration sont chaque année mises en œuvre. L'information peut être obtenue sur les sites du minsitère de l'Éducation nationale, de l'enseignement supérieur et de la recherche ; www.education.gouv.fr ou sur le site des CASNAV (Centre académique de scolarisation des nouveaux arrivants et des enfants du voyage). Voici l'adresse du CASNAV de Paris : http://cefisem.scola.ac-paris.fr/

Il a cependant fallu une trentaine d'années avant que le fle ne devienne une discipline donnant lieu à des formations universitaires.

C'est en 1981 qu'à la demande du ministère de l'Éducation nationale le Centre international d'études pédagogiques (CIEP) a réuni un groupe de travail sur l'enseignement du français langue étrangère.

En 1982, le rapport Auba (du nom du directeur du CIEP) a présenté ses conclusions pratiques et ses recommandations de création :

- de filières universitaires de formation de professeurs de fle ;
- de postes d'inspecteurs généraux de fle ;
- de diplômes officiels français permettant de constater et de valider les niveaux de compétence en langue française des étrangers.

1983 a vu la création de la licence ès-lettres avec mention fle et de la maîtrise professionnelle de fle. Un CAPES mention fle a même existé mais a été supprimé au bout de deux ans. Deux postes d'inspecteurs généraux pour le fle ont été créés. La Commission chargée d'élaborer le projet de création des diplômes de niveaux de langue française pour les étrangers a été mise en place et a conçu les diplômes du ministère de l'Éducation nationale de l'enseignement supérieur et de la recherche : le DELF et le DALF en 1985.

En 2006, la France compte un réseau d'établissements culturels français à l'étranger composé de 146 centres et instituts français et de 280 alliances françaises subventionnées.

Le nombre de personnes (scolarisées dans leurs systèmes éducatifs ou apprenants volontaires dans les établissements du réseau) qui apprennent le français dans le monde ne cesse d'augmenter (+ 29 % en 10 ans soit environ +17 millions de personnes)[2]. Enseigner le français langue étrangère a été et est toujours vécu comme une aventure entre enseignants, dont 70 000 environ sont regroupés en associations au sein de la Fédération internationale des professeurs de français[3].

## LE FLM : FRANÇAIS LANGUE MATERNELLE

Le français est une langue maternelle pour tous les Français, nés en France de parents français ou étrangers, mais également pour tous ceux qui sont nés dans des pays où le français est la langue première, la langue dans laquelle on apprend à parler et généralement dans laquelle on est scolarisé.

---

2. http://www.diplomatie.gouv.fr, site du ministère des Affaires étrangères
3. http://www.fipf.org, site de la Fédération internationale des professeurs de français

Il ne faut cependant pas en déduire que la langue de la nationalité est toujours la langue maternelle, car quantité de situations montrent que la langue nationale n'est pas toujours celle dans laquelle l'enseignement est donné : ainsi, si en Espagne, l'espagnol (castillan) est la langue nationale, les enfants de différentes communautés autonomes sont scolarisés dans la langue de la communauté (le catalan, par exemple, en Catalogne). Le cas des enfants d'étrangers ou d'un couple mixte, nés en France, est un autre exemple. Les enfants parleront la langue de leur mère ou de leur père avant d'être scolarisés en français à l'école « maternelle ». Dans ce cas, la langue maternelle sera la langue vernaculaire utilisée en famille et le français deviendra la langue seconde. On voit que la notion de langue maternelle, qui paraît à première vue simple à définir, recouvre des notions relativement complexes.

La France partage le français avec d'autres États, en Europe et dans le monde (au total 31 pays). On appelle ces pays « les pays francophones ». Le français y a le statut de langue officielle[4], mais non pas de langue unique.

On ne doit pas confondre ces pays avec ceux qui sont membres de l'Organisation internationale de la Francophonie[5], organisme politique qui regroupe 53 États et gouvernements membres et 10 observateurs, mais dont les habitants ne sont pas forcément francophones[6].

Dans l'enseignement des langues étrangères, on a longtemps interdit l'usage de la langue maternelle. Les instructions officielles du ministère de l'Éducation étaient formelles :

*On n'aura recours à la langue maternelle que dans les cas très rares où les explications ne pourront pas se donner en langue étrangère.*

*Les mots doivent être enseignés par la vue des objets, en recourant aussi peu que possible à la langue maternelle. Le professeur s'interdira l'usage de la langue maternelle sauf dans le cas où elle lui est indispensable pour rendre ses explications plus claires, plus courtes et plus complètes[7].*

Ce diktat a évolué avec l'apparition, dans les années 1970, de l'approche communicative, où, au contraire, on recommande l'usage de la langue mater-

4. États dont le français est langue officielle (seul ou avec d'autres langues) : Belgique, Bénin, Burkina-Faso, Burundi, Cameroun, Canada, République centrafricaine, Comores, Congo, Côte-d'Ivoire, Djibouti, Gabon, Guinée-Conakry, Haïti, Luxembourg, Madagascar, Mali, Monaco, Niger, République démocratique du Congo, Rwanda, Sénégal, Seychelles, Suisse, Tchad, Togo, Vanuatu.
5. http://www.francophonie.org/oif/membres.cfm, site de l'OIF (Organisation internationale de la Francophonie).
6. États membres de l'OIF mais dont la langue nationale n'est pas le français : Albanie, Andorre, Bulgarie, Cambodge, Cap-Vert, Dominique, Égypte, Grèce, Guinée Bissau, Laos, Liban, Macédoine, Maroc, Maurice, Mauritanie, Moldavie, Roumanie, Sainte-Lucie, Sao-Tomé et Principe, Tunisie, Vietnam.
7. PUREN, Christian. *Histoire des méthodologies de l'enseignement des langues*. Nathan-CLE International, coll. Didactique des langues étrangères, Paris, 1988, pp. 123-124.

nelle comme moyen pédagogique de réflexion sur le fonctionnement de la langue cible.

*Dans l'acte éducatif, la langue maternelle ne fait plus peur : elle est considérée comme le filtre obligé de tous les apprentissages et, à ce titre, réhabilitée. La méthodologie cognitive relève donc d'une approche indirecte de la langue étrangère puisqu'elle a recours à la langue maternelle, avec l'acceptation de la comparaison et même de la traduction pour faire réfléchir l'apprenant :*

*— sur les analogies et les différences des systèmes communicatifs en présence ;*

*— sur les rapports entre connaissance de la langue maternelle et acquisition de la langue étrangère — particulièrement dans le domaine grammatical, où les carences en langue maternelle se font durement sentir en langue étrangère[8].*

## LE FLS : FRANÇAIS LANGUE SECONDE

C'est au sujet de ce sigle qu'ont lieu les plus vives discussions. Il recouvre, lui aussi, des réalités différentes et complexes.

Jean-Pierre Cuq[9] pense que l'expression est apparue en 1969, donc une dizaine d'années après l'expression « français langue étrangère ».

On s'accorde généralement pour dire qu'il s'agit d'une langue qui, léguée en héritage par l'Histoire, a conservé un statut privilégié, souvent officiel. Elle est par exemple utilisée par l'administration d'un pays, dans l'enseignement (et dans ce cas, comme Jean-Pierre Cuq le souligne, elle participe à la construction psychologique et cognitive des enfants) et par les médias. Les enfants de ces pays ont une, voire plusieurs autres langues maternelles, mais sont en contact avec le français dans beaucoup de situations de la vie quotidienne.

En Afrique francophone, le français, cette langue seconde, peut parfois permettre la communication entre deux locuteurs appartenant à des ethnies différentes et qui, sans lui, ne se comprendraient pas ou se comprendraient mal.

Cette définition, on le voit, s'applique aisément au statut de la langue française dans les pays francophones ex-colonisés dans lesquels le français a encore un statut privilégié.

Le *Dictionnaire de didactique des langues*[10] donne la définition suivante de la langue seconde :

8. GALISSON, Robert. *D'hier à aujourd'hui la didactique des langues étrangères. Du structuralisme au fonctionnalisme*. CLE International, coll. DLE, Paris, 1980, pp. 64-65.
9. CUQ, J.-P. *Le français langue seconde. Origines d'une notion et implications didactiques*. Hachette, coll. Références, Paris, 1991.
10. GALISSON, Robert ; COSTE, Daniel. *Dictionnaire de didactique des langues*, Hachette, coll. F., Paris, 1976, p. 478

*Expression [...] qui introduit une nuance utile par rapport à « langue étrangère »
pour les pays où le multilinguisme est officiel (Canada, Suisse, Belgique...), ou
dans lesquels « une langue non maternelle » bénéficie d'un statut privilégié (le
français dans les pays d'Afrique francophone).*

En France, la notion de français langue seconde est assez récente. Elle se réfère
généralement à l'enseignement qui en est fait auprès des enfants de migrants
nouvellement arrivés en France (ENAF[11]) et la définition qu'en donne Henri Besse
en 1987 lui correspond bien :

*On considère qu'il y a enseignement / apprentissage d'une langue seconde
quand ses apprenants ont la possibilité quotidienne d'être confrontés à elle en
dehors des cours qui en relèvent ou encore de la pratiquer authentiquement.*

Contrairement aux évolutions que l'on a pu constater dans les méthodologies d'enseignement du fle, il n'y a pas, aujourd'hui, de méthodologie bien définie
pour l'enseignement du français langue seconde à ce public spécifique. Les enseignants se forgent leur propre méthodologie, empruntée parfois au français langue
maternelle et parfois au français langue étrangère.

Dans ce domaine, tout est à inventer : manuels, cahiers d'activités, documents...

## LE FOS : FRANÇAIS SUR OBJECTIF(S) SPÉCIFIQUE(S)[12]

Son enseignement peut prendre des formes variées. Le sigle s'applique à des
publics dont on a auparavant déterminé les besoins spécifiques. L'enseignement
se fera en conséquence.

Quels sont les publics cibles ? Il s'agit généralement :

• d'apprenants non spécialistes de français, inscrits dans une filière professionnelle (tourisme, hôtellerie, juristes, médecins, techniciens, etc.). Il faudra, pour
ce public, élaborer un cours dispensé avec une méthodologie spécifique, correspondant aux besoins réels : un juriste, qui devra consulter nombre d'ouvrages en français, cherchera à maîtriser le plus rapidement possible un niveau suffisant de
compréhension de l'écrit. Un étudiant en école hôtelière devra, lui, maîtriser un
niveau d'expression orale spécialisée dans son domaine, mais se contentera d'un
niveau inférieur en compréhension des écrits ;

• de chercheurs, qui ont essentiellement besoin de consulter des articles de
revues et d'ouvrages spécialisés. Il faut leur enseigner des stratégies de lecture
leur permettant de saisir rapidement le sens de textes de spécialité ;

---

11. ENAF : enfants nouvellement arrivés en France. Dénomination adoptée en 2005 et qui remplace
l'ancienne appellation de « primo-arrivant ».
12. Autrefois appelé « français fonctionnel » (années 1970), puis « français de spécialité ».

• de professionnels qui doivent participer à des colloques en français et dialoguer de façon formelle ou informelle avec des francophones (par exemple, les fonctionnaires ou futurs fonctionnaires internationaux, les étudiants d'écoles d'administration ou de diplomatie).

Les cas de figure sont très nombreux. Les stratégies et les contenus d'enseignement dépendront étroitement de l'analyse préalable des contextes d'utilisation du français.

Vouloir créer des outils d'enseignements / apprentissage différents pour des filières professionnelles différentes est illusoire. Il faudrait, dans ce cas, élaborer autant d'outils différents qu'il existe de filières professionnelles.

En revanche, s'intéresser aux postes de travail, qui sont, eux, transversaux à tous les métiers, semble être une démarche beaucoup plus productive. En effet, les besoins langagiers des réceptionnistes téléphoniques sont les mêmes, quelle que soit l'entreprise dans laquelle ils travaillent. De même, les besoins des assistantes de direction, ceux des responsables des ressources humaines, des personnels techniques, etc.

On pourrait alors véritablement parler de « français, langue de la communication professionnelle », prenant en compte les besoins spécifiques de catégories professionnelles et non plus de filières professionnelles.

Ici encore, dans ce domaine, tout reste à faire.

# Chapitre 2 — L'enseignant : sa formation, ses rôles

## LES LIEUX DE FORMATION

### La formation initiale

La maîtrise des notions théoriques acquises en formation initiale est essentielle. Les qualités personnelles de l'enseignant le sont tout autant. Ce sont elles qui établiront la nature des contacts avec les apprenants, les capacités d'écoute, de réponse, d'animation et de motivation des groupes, la disponibilité. La qualité de l'enseignement et, dans une grande mesure, la qualité des résultats de l'apprentissage dépendent pour beaucoup de ces qualités.

Il n'en reste pas moins vrai que les comportements professionnels, même s'ils sont abordés d'un point de vue théorique en formation initiale, s'acquièrent essentiellement dans la pratique quotidienne de la classe.

### Où et comment se former en France ?

#### 1. À l'université, formations diplômantes

**La mention « fle » des licences** de lettres modernes, langues et sciences du langage existe depuis 1983. Elle sanctionne un apprentissage de 125 h et est obtenue par la validation d'unités d'enseignement, sous forme de modules, qui concernent :

– la linguistique française (phonologie et morphologie, syntaxe et sociolinguistique) ;

– la didactique du fle (histoire des méthodologies, différences entre fle et fls, etc.) ;

– une sensibilisation à l'interculturel, notions théoriques (histoire, civilisation, littérature) ;

– une sensibilisation à l'apprentissage d'une langue étrangère peu diffusée (le lingala au Congo par exemple).

Le CIEP propose d'effectuer, en un mois, la mention fle de la licence, en partenariat avec l'université de Caen. Ce stage est publié chaque année au *Bulletin officiel* du ministère de l'Éducation nationale. Le certificat de stage, délivré à l'issue de la formation, est reconnu par le ministère des Affaires étrangères.

**Les Master 1 français langue étrangère** (ex-maîtrise de fle) préparent à l'enseignement du fle ou du fls ou à la recherche en didactique des langues et en sciences du langage. Ils sanctionnent un enseignement de 350 h réparti en 8 unités d'enseignement :

• Anthropologie culturelle de la France (institutions politiques et sociologie de la France ; langues régionales et francophonie ; civilisation et interculturel).

• Didactique du fle (méthodologie et pédagogie de l'écrit ; supports audiovisuels ; français sur objectifs spécifiques).

• Théories linguistiques, descriptions du français et pratiques de communication (Phonétique corrective ; français parlé ; aspects cognitifs de l'apprentissage d'une langue étrangère ; méthodologie générale de l'enseignement du fle).

• Enseignements optionnels (initiation à une langue étrangère peu diffusée/ approfondissement en fle, en linguistique ou en civilisation) ;

• Stage pratique de quatre semaines : ce stage peut se dérouler dans n'importe quel type d'institution liée au domaine du fle (universités, organismes de formation). Le ministère des Affaires étrangères offre la possibilité de faire un stage long dans un pays étranger[1].

• Rédaction et soutenance d'un mémoire : il s'agit en fait d'un rapport de stage.

Certains organismes de formation liés à des universités proposent d'effectuer le Master 1 mention fle sur deux années consécutives ou non, au mois de juillet. C'est le cas du Centre de linguistique appliquée (CLA) de Besançon, en partenariat avec l'université de Franche-Comté, du CAVILAM de Vichy, avec l'université Blaise Pascal de Clermont-Ferrand, etc.

**Les Master 2** sont en général à orientation pré-professionnelle et associent enseignements théoriques et savoir-faire professionnels.

**Les diplômes d'université (DU) :** certaines universités proposent des formations, sanctionnées par des diplômes d'enseignement du français langue étrangère.

C'est le cas du diplôme universitaire de didactique des langues (DUDL) à l'université Paris 3, par exemple.

Ces formations sont parfois dispensées conjointement avec des centres de formation en langues. C'est le cas du DUEFF, du DAE / FLE, etc.

### 2. Hors de l'université, formation non diplômantes

Quantités de formations s'adressent aux futurs enseignants de fle ou de fls ou aux enseignants en activité.

---

1. http://www.diplomatie.gouv.fr

Ces formations sont organisées soit :

• par le ministère de l'Éducation nationale et proposées dans son Plan académique de formation (PAF) ;

• par des établissements publics sous tutelle du ministère de l'Éducation nationale : Centre international d'études pédagogiques (CIEP[2]) et Centre national d'enseignement à distance (CNED[3]) ;

• par des organismes de formation[4] dépendant des universités ;

• par des organismes de formation privés, liés par contrat à l'Éducation nationale ;

• par des organismes de formation privés.

Toutes les formations sont données sous forme de stages dont la durée est variable.

## La formation continue et l'autoformation

La formation continue permet soit de pallier l'insuffisance d'une formation initiale, soit de moderniser une formation initiale trop ancienne. Elle est obligatoire lorsqu'elle s'adresse, de façon institutionnelle, aux enseignants titulaires et est laissée à l'appréciation de chacun dans le cas où l'enseignant est contractuel.

Titulaire ou contractuel, l'enseignant doit planifier sa formation initiale, en termes de gestion de carrière. Lorsqu'il s'agit de la formation continue, cette planification doit être effectuée, non pas au coup par coup au hasard des stages proposés, mais en termes d'amélioration continue de la qualité de son enseignement.

L'incessant va-et-vient entre les acquis théoriques et leur transfert dans des activités de classe exige de l'enseignant un réel effort. Il est plus confortable de garder ses habitudes de travail, il est plus rassurant de ne pas se remettre en question, mais ces deux attitudes génèrent souvent une sclérose pédagogique.

La qualité des formateurs qui dispensent la formation continue doit, pour ces raisons, être irréprochable. Ils doivent montrer et démontrer, par leurs pratiques et leur écoute, qu'ils ont compris et assimilé les exigences des enseignants qu'ils forment. Ils doivent démystifier ce que Robert Galisson appelait *le capitalisme de l'information, la mafia du savoir réservé* [5], c'est-à-dire le discours abstrait des

---

2. CIEP : http://www.ciep.fr Consulter la rubrique « Offres de formation ».
3. CNED : http://www.cned.fr
4. Ces organismes, ainsi que les suivants, sont repertoriés par le ministère des Affaires étrangères, dans un catalogue réactualisé chaque année et disponible sur le site du ministère : http://www.diplo-matie.gouv.fr
5. GALISSON, Robert. *Lignes de force du renouveau actuel en didactique des langues étrangères*. Coll. DLE, CLE International, 1980, p. 7.

théoriciens, en permettant aux stagiaires en formation de comprendre qu'il est aisé d'atténuer l'écart entre théorie et pratique pour élaborer des activités de classe créatives, sans pour autant ne leur donner que des recettes toutes faites à appliquer.

Un exemple : avec l'adoption, dans de nombreux pays, du *Cadre européen commun de référence* pour la refonte des programmes de langues et la définition de nouvelles modalités d'enseignement, des formations continues sont organisées par les ministères en charge de l'éducation pour faire connaître ce *Cadre* et les référentiels de langues qui le complètent. Ces formations, graduées, doivent permettre aux stagiaires, de s'approprier dans un premier temps les notions théoriques développées dans le *Cadre de référence*, puis de les guider vers la mise en pratique, la conception d'activités de classe et d'évaluation, liées à ce nouvel outil conceptuel.

## Enseignant titulaire ou contractuel, où et comment se former ?

### ▶ En France

On l'a vu, les formations continues sont organisées par le ministère de l'éducation, et inscrites dans un « Plan académique de formation » (PAF).

Cependant, les nombreux centres de formation linguistiques[6] présents sur le territoire offrent la possibilité de se perfectionner ou de découvrir de nouvelles pratiques, en proposant des modules de formation à la carte.

### ▶ À l'étranger

#### 1. L'autoformation

Paola Bertocchini et Edvige Costanzo[7] ont plaidé pour une autoformation assistée, autant pour l'apprenant que pour l'enseignant. L'enseignant ne devrait-il pas être en autoformation permanente ? Par ses lectures, sa curiosité à l'égard des recherches en cours et des nouvelles publications, ses discussions avec ses collègues sur des pratiques innovantes, sa confrontation avec d'autres méthodes que les siennes, il peut et devrait être en recherche d'amélioration permanente. Ouvrir sa classe aux expériences ou simplement au regard de ses collègues est cependant souvent vécu comme une évaluation critique et peu d'entre eux sont prêts à remettre ainsi en question leurs pratiques.

### ▶ Seul, n'importe où

« Aide-toi, Internet t'aidera… »

---

6. Voir note 4.
7. *Le français dans le monde, Recherches et applications*, n° spécial « Des formations en français langue étrangère », août-septembre 1992, pp. 84 à 91.

Acquérir des habitudes de recherche concernant sa profession, dès le début de sa carrière d'enseignant, pouvait autrefois poser problème si l'on vivait dans une ville éloignée de tout centre de documentation universitaire ou culturel.

Aujourd'hui, trouver les informations que l'on recherche se fait en un clic de souris. La difficulté est de s'y retrouver parmi la multitude de sites qui concernent la didactique des langues. A la fin de cet ouvrage, une sitographie présente les sites les mieux documentés. Un principe : chercher d'abord l'information recherchée sur les sites des universités, puis se laisser guider par les liens proposés, enfin s'abonner aux listes de diffusion.

Si cependant l'enseignant n'a pas accès à Internet, voici quelques idées à mettre en pratique :

• fréquenter les bibliothèques, médiathèques. À l'étranger, ce sont celles des Instituts et Centres culturels français, des Alliances françaises et des associations de professeurs de langues. Demander la marche à suivre pour obtenir des prêts, même à distance ;

• se tenir au courant des parutions. Les maisons d'édition vous inscriront volontiers sur simple demande sur la liste des destinataires de leurs catalogues annuels présentant les nouvelles parutions (nouveaux manuels, nouveaux ouvrages de réflexion théorique, nouveaux cahiers d'activités ou d'exercices,...). Ces catalogues contiennent toujours à la fois des bons de commande et des demandes de spécimen ;

• s'abonner à des revues ou en consulter régulièrement. Cela permet de se tenir au courant de l'état des recherches en didactique. Les professeurs de français langue étrangère ont une revue spécialisée : *Le français dans le monde* ;

• s'inscrire à une association professionnelle. Les professeurs de français peuvent se regrouper pour échanger leurs expériences. Il existe une association dans chaque pays. Ces associations, fédérées au sein de la FIPF, Fédération internationale des professeurs de français, organisent des sessions de formation, des colloques et des congrès. La FIPF édite une revue spécialisée.

## LES DÉBOUCHÉS PROFESSIONNELS ENVISAGEABLES

La mention fle de la licence (dans une moindre mesure) et les Masters 1 et 2 s'adressent à des étudiants qui souhaitent postuler à des fonctions d'enseignants (titulaires ou non) ou de formateurs, ou bien à des postes liés soit à la recherche soit à des activités de diffusion linguistique (élaboration et publication de matériel pédagogique), en France ou à l'étranger.

• Dans le cadre du ministère de l'Éducation nationale, enseignant auprès des publics migrants :

– dans les classes d'accueil des élèves nouvellement arrivés en France, relevant du réseau d'appui à ces élèves (CASNAV[8] et organismes similaires);
– dans les CLIN (classe d'initiation), qui accueillent les élèves dans le primaire;
– dans les FLEI (français langue étrangère intensif), qui dispensent un enseignement de fle aux élèves totalement non francophones;
– dans les CLA (classes d'accueil) dans les collèges et les lycées généraux, technologiques et professionnels;
– dans les FLER (français langue étrangère renforcé); implantées en lycées professionnels, ces classes permettent une remise à niveau en français écrit à des jeunes francophones qui maîtrisent l'oral;
– dans les classes de SLFS (soutien en français langue seconde).

• Dans le cadre du ministère des Affaires étrangères:
– volontaire international[9] http://www.civiweb.com/default.asp?action=vi & rub = stat & art = diff
– enseignant de fle dans les établissements du réseau français: Centres culturels, Instituts français, Alliances françaises;
– responsables pédagogiques, directeurs des cours dans ces mêmes établissements;
– enseignant dans les écoles bilingues[10].

• Dans le cadre du ministère de l'Emploi et de la Cohésion sociale: enseignant auprès des publics migrants relevant du Contrat d'accueil et d'intégration[11].

• Dans le secteur public:
– chargé de cours dans les collectivités territoriales s'occupant des migrants;
– responsables de programmes dans les organismes internationaux (OIF, AUF, UE, etc.

• Dans le secteur privé:
– enseignant ou responsable de formation dans les organismes de formation offrant des cours aux migrants;
– responsable commercial ou éditeur dans les maisons d'édition spécialisées dans le fle;
– chargé de cours en entreprises.

8. CASNAV: Centre académique de scolarisation des nouveaux arrivants et des enfants du voyage http://casnav.scola.ac-paris.fr/index.php
9. VI: http://www.civiweb.com
10. Écoles bilingues: voir adresse auprès du ministère.
11. CAI: Contrat d'accueil et d'intégration proposé à toute personne migrante arrivant en France pour s'y installer.

## LES RÔLES ET LES INTERACTIONS

### Enseigner et apprendre à apprendre

Avant de choisir son métier, l'enseignant a été élève. L'image qu'il se fait de son nouveau rôle dépend plus de ce qu'il a vécu que de la formation pratique qu'il a reçue. En tant qu'élève, il a eu « de bons profs et de mauvais profs ». Dans sa classe, l'enseignant aura naturellement tendance à copier les attitudes de ceux qu'il considérait comme étant « les bons profs ».

Quels étaient les critères qui lui permettaient alors de porter ce jugement ?

Le « bon prof de langue » était celui qui avait réussi à faire aimer la langue enseignée. Le bon prof faisait utiliser les acquis pour créer des phrases qui signifiaient quelque chose. Il ne se contentait pas de faire apprendre par cœur des listes de vocabulaire ou de formes grammaticales, ou encore des dialogues bien structurés, puis de demander que l'élève les applique. Ces profs-là n'étaient cependant pas considérés comme de « mauvais profs » par l'institution. Car autrefois, à une époque qui n'est pas si lointaine, le rôle de l'enseignant de langue s'inscrivait dans ce que Henri Holec[12] appelle *la version la plus dure des systèmes traditionnels, où l'enseignant définit l'apprentissage, en détermine les modalités de réalisation, en évalue le résultat et en assure la gestion. Il fournit l'apprentissage à l'apprenant, qui n'a plus qu'à l'effectuer. L'enseignant est à la fois le médecin qui établit l'ordonnance et le pharmacien qui délivre les remèdes : l'apprenant est le patient, il s'administre les remèdes conformément à l'ordonnance. Dans cette répartition des rôles, non seulement l'apprenant ne se préoccupe pas de la définition, des modes de réalisation, de l'évaluation ou de la gestion de l'apprentissage, mais il n'est pas censé s'en préoccuper : l'enseignant est là pour cela, il faut se fier aveuglément à ses décisions. [...] Aucune capacité d'apprendre, au sens de capacité de prendre des décisions concernant l'apprentissage, n'est, en principe, requise de l'apprenant.*

La didactique des langues a évolué, elle s'est enrichie des apports d'autres disciplines autrefois ignorées de l'école : la linguistique appliquée à l'enseignement des langues, la psychologie, la sociologie, l'ethnographie de la communication, l'analyse de discours, la pragmatique et les diverses technologies (TIC) que l'on continue à appeler « nouvelles » (NTIC). Aujourd'hui, si les démarches d'enseignement des langues restent souvent plus traditionnelles dans les systèmes scolaires que dans les centres de formation qui reçoivent des publics non captifs, elles se sont cependant beaucoup améliorées. Les manuels actuels se

---

12. HOLEC, Henri. Apprendre à apprendre et apprentissage auto-dirigé, in « Les auto-apprentissages », *Le français dans le monde, Recherches et applications*, février-mars 1992, p. 47.

réclament à peu près tous des principes méthodologiques décrits dans le *Cadre européen commun de référence* :

– on sollicite, très vite, chez l'élève, des capacités intellectuelles complexes[13] ;

– on admet que chacun apprend à son rythme et qu'il existe autant de stratégies d'apprentissage que d'apprenants ;

– on reconnaît que ce qui est découvert par la réflexion et la comparaison avec la langue maternelle est plus utile que ce qui est appris par cœur ;

En didactique, ce n'est pas un hasard, ou une coquetterie de langage, si l'*élève* est devenu un *apprenant*. Cela ne signifie pas qu'autrefois il n'apprenait pas, ou peu, ou moins bien, mais qu'il est aujourd'hui devenu un être actif : l'apprenant se prend en main et compte aujourd'hui sur lui-même pour apprendre. Il n'attend pas tout de l'enseignant, il attend simplement son aide pour mener à bien les objectifs qu'il s'est fixés, ou du moins aurait dû se fixer.

*Si l'on admet que l'un des objectifs essentiels de la pédagogie du français langue maternelle ou seconde est l'acquisition d'un instrument de communication et que cette acquisition, paradoxalement, peut être favorisée par une meilleure compréhension de la structure et de l'emploi de la langue maternelle et de la langue seconde, le pédagogue ne peut se dispenser d'ajouter une nouvelle corde, pragmatique, à son arc. Il ne s'agit pas, précisons-le d'emblée, de balayer tout l'acquis dans les domaines de la phonologie, du lexique et de la syntaxe au profit d'une nouvelle potion magique, ni d'imposer de manière terroriste en didactique une théorie ou une description achevée[14].*

*Le* Cadre européen de référence *est fondé sur l'hypothèse que le but de l'apprentissage est de faire de l'apprenant un utilisateur compétent et expérimenté.*

La finalité de l'enseignement des langues, aujourd'hui déclarée, est de faire de l'apprenant un individu plurilingue, au minimum capable de se débrouiller à l'étranger dans les situations les plus courantes de la vie quotidienne, et, ainsi, de permettre une meilleure compréhension et communication entre les peuples.

## Animer le travail en groupes, favoriser l'interaction

Les enseignants pensent que la gestion des activités en petits groupes de travail est un luxe, car elle dépend du nombre d'élèves dans la classe. De ce fait, sans en être totalement satisfaits, ils reproduisent les schémas selon lesquels ils ont vécu la relation enseignant/élève où le savoir le plus souvent était transmis

---

13. Sur l'organisation des capacités intellectuelles, voir le chapitre sur BLOOM, Benjamin, « Taxonomie du domaine cognitif », in DE LANDSHEERE, Gilbert, *Définir les objectifs de l'apprentissage*, Paris, PUF, 1984.
14. ROULET, Eddy, « La porte ! ou l'irruption de la pragmatique linguistique dans la didactique du français », in *Lignes de force du renouveau en DLE*, CLE International, 1980, p. 103.

de façon verticale, avec l'enseignant en position de domination vis-à-vis du groupe classe, lui-même en position de réception, voire de sujétion.

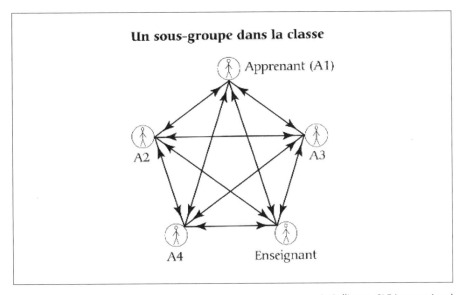

© Gallisson, CLE international

En France, les effectifs des classes de langues ne dépassent pas 20 à 25 élèves, ce qui permet aisément de passer, du moins pour quelques activités, de cette relation verticale à une relation beaucoup plus égalitaire[15], moins scolaire, d'horizontalité :

**Un sous-groupe dans la classe**

© Gallisson, CLE international

---

15. Galisson, Robert, *op. cit.*, p. 51.

Dans ce type de relation, le savoir se transmet toujours, mais dans une relation d'égal à égal, qui place l'enseignant dans une position d'animateur. Il invite l'apprenant à construire son propre savoir au lieu de le lui dispenser. L'apprenant à qui l'on va demander de réaliser une activité de découverte ou de création va solliciter des capacités actives, devenant ainsi l'acteur de son apprentissage.

La relation pédagogique est passée du sens unique à l'interaction, ce qui n'est pas simple à acquérir, ni pour l'enseignant, ni pour l'apprenant.

L'enseignant change de rôle, et cette situation, qui peut être vécue comme une perte de pouvoir, est déstabilisante. Animateur des groupes, il participe aux travaux de chaque sous-groupe, circule dans la classe, apporte son aide ici, réexplique les consignes plus loin, encourage, infléchit les pistes de réflexion, félicite. Sa façon d'être, son discours sont différents ; dans cette relation, il fait (presque) partie du groupe.

L'apprenant, bien souvent, ne sait que faire de cette liberté d'expression qui lui est tout à coup donnée. N'ayant aucun pouvoir à perdre, il s'y habitue cependant plus vite que l'enseignant et en vient à souhaiter, dans d'autres matières, à travailler en sous-groupes.

Les inquiétudes le plus souvent citées par les enseignants sont de trois types.

• Celles liées à l'organisation matérielle :
– « La salle est trop petite / trop grande »
– « L'acoustique est mauvaise »
– « Les tables et les chaises sont vissées au sol »
– « Sur 45 ou 50 minutes de cours, on en perd 10 à s'installer puis à ranger »

• Celles liées à des soucis pédagogiques :
– « J'ai régulièrement des classes dédoublées : je fais alors cours à 10 élèves au lieu de 20, je n'ai donc pas besoin de les mettre en sous-groupes »
– « L'effectif est trop important, je ne pourrai pas passer dans tous les groupes donc toutes les fautes ne seront pas corrigées »
– « Cela prend trop de temps, je ne pourrai pas terminer le programme »

• Celles liées aux élèves :
– « Ils n'y sont pas habitués et considèrent cela comme une récréation, le travail tourne souvent au chahut »
– « Dès que j'ai le dos tourné, ils parlent en langue maternelle, alors à quoi bon ? »
– « Il y en a toujours un ou deux dans le groupe qui ne font rien pendant que les autres travaillent »

*En ce qui concerne l'organisation matérielle*, il est vrai que, dans un premier temps, cela fait « perdre » quelques minutes de cours, mais l'habitude se prend vite, et encore une fois, le gain concernant l'acquisition est tellement supérieur à cette perte de temps que cela vaut la peine d'essayer.

Si le mobilier est fixé au sol, on peut tout de même organiser ce travail en sous-groupes en demandant aux élèves de se tourner pendant la durée de l'activité.

*En ce qui concerne les inquiétudes pédagogiques,* lorsqu'on a dix élèves devant soi, on peut faire trois sous-groupes... Si l'objectif est une activité de type correction linguistique et que l'enseignant ne souhaite pas laisser d'erreurs non corrigées, on verra plus loin la façon de corriger collectivement. En revanche, s'il s'agit d'une activité de type « tâche communicative langagière » à réaliser, la correction des erreurs peut se faire en différé de façon à ne pas gêner la spontanéité des productions. Si l'effectif est réellement trop important, au-delà de 30 à 40 élèves, les activités de sous-groupes ne se justifient pas.[16]

*En ce qui concerne les inquiétudes liées aux élèves,* tout enseignant (débutant ou confirmé) devrait avoir la possibilité, au cours de sa formation initiale ou continue, d'observer ce type de pédagogie à l'œuvre, chez un collègue ou dans un centre de formation. Il devrait pouvoir prendre en main lui-même une ou plusieurs activités en sous-groupes pour se familiariser avec la démarche. Il serait alors convaincu que la relation enseignant / apprenant y gagne en confiance et en capital de sympathie, mais que c'est surtout l'apprentissage qui y gagne en efficacité.

Et concrètement, comment organiser les activités de sous-groupes ?

• L'essentiel est que l'objectif de l'activité soit connu et accepté. Il doit donc être expliqué avant l'installation en sous-groupes. De la pertinence de la tâche proposée dépend la cohésion des sous-groupes et leur efficacité. Connaissant le but pour lequel ils vont mobiliser leur énergie, les élèves trouveront à ce travail motivation et satisfaction.

• Les consignes doivent être courtes, claires et précises. L'enseignant s'assure, en passant dans chaque groupe, qu'elles ont été bien comprises et qu'aucun sous-groupe ne s'engage dans une fausse piste.

• Le travail en sous-groupes doit avoir une durée précise, définie à l'avance, et que l'enseignant doit faire respecter.

• Organiser des sous-groupes, c'est initier les élèves au travail en équipe, c'est montrer que différentes stratégies ne se contredisent pas, mais qu'au contraire elles enrichissent la réflexion. C'est également atténuer les rivalités entre les « bons » (ceux qui prennent toujours la parole) et les moins bons (ceux qu'on n'entend jamais).

16. Pour la conduite des classes à effectifs élevés, on trouvera d'utiles suggestions dans le dossier « Pédagogie des grands groupes », *Diagonales* n° 7, supplément au *Français dans le monde* (Paris, Edicef / Hachette, juillet 1988, pp. 27, 38).

• Bien choisir le niveau de difficulté de la tâche à réaliser implique que les compétences des élèves vont s'appliquer non pas au résultat immédiat, mais au déroulement des étapes qui mènent à la réalisation.

• Le sous-groupe rompt la monotonie du grand groupe, il offre la possibilité à chacun de prendre enfin des initiatives individuelles.

## Faire découvrir et systématiser les découvertes

Benjamin Bloom[17] explique que dans l'apprentissage, les capacités intellectuelles des individus se mettent à l'œuvre dans un ordre précis. Elles comportent six niveaux, chacun englobant le précédent.

| 1 | 2 | 3 | 4 | 5 | 6 |
|---|---|---|---|---|---|
| Mémoire | Compréhension | Application | Analyse | Synthèse | Création |
| Capacités intellectuelles inférieures | | Capacités intellectuelles médianes | | Capacités intellectuelles supérieures | |

Si l'on applique la taxonomie de Bloom à l'apprentissage des langues, la mémoire et la compréhension seraient sollicitées en premier, ce qui permettrait à l'apprenant de transférer ces connaissances mémorisées et comprises afin de les appliquer. On atteindrait alors un autre niveau de capacités intellectuelles caractérisées par la possibilité d'analyser, par exemple des faits de langage, puis de les synthétiser afin d'avoir la prise de recul nécessaire à la création[18], donc à l'expression.

Dans une pédagogie de type traditionnel, les capacités de mémorisation, compréhension et application sont fortement sollicitées. On explique une règle de grammaire et on demande à l'élève de l'apprendre par cœur, de la mémoriser, avant de vérifier par un exercice d'application si elle a été apprise et comprise. Dans le cas des exercices structuraux[19], ce schéma fonctionne : l'apprenant transformera sans peine et automatiquement l'un des éléments présent dans l'exer-

---

17. DE LANDSHEERE, *op. cit.*
18. Bloom appelle cette dernière capacité intellectuelle « évaluation », l'évaluation raisonnée des connaissances permettant à l'apprenant de créer (ici, de créer du langage). Pour ne pas faire interférer cette évaluation avec celle des acquis de l'apprentissage, dont il est traité plus loin, j'ai choisi de modifier l'appellation originale et de l'intituler « création ».
19. L'exercice structural est caractéristique de la pédagogie par objectifs, née dans les années 1960 aux États-Unis, à partir des thèses behavioristes (comportementalisme en français). Ce sont les travaux de Bloom qui l'ont fait connaître en France. Elle concernait essentiellement, à l'origine, l'enseignement technique et stipulait que l'apprentissage passait par une modification du comportement, que l'on pouvait obtenir en découpant la matière à enseigner en unités courtes d'apprentissage, acquises par un processus de « stimulus-réponse-répétition-renforcement » qui permettait d'observer ce comportement. Ces thèses, qui ont abouti à des dérives telles que l'emploi abusif des exercices structuraux, ont été assez rapidement sinon abandonnées, du moins largement adaptées.

cice structural, mais sera peu capable de fournir la structure exacte lorsqu'il en aura besoin pour communiquer.

Aujourd'hui, on fait fréquemment appel, en tout premier lieu, à la capacité d'analyse des apprenants. On considère en effet que la réflexion personnelle est un facteur d'acquisition. Un phénomène linguistique dont on comprend le fonctionnement par l'observation, la comparaison, la réflexion, l'analyse s'assimile mieux, se grave profondément dans la mémoire sans qu'il soit besoin de l'apprendre par cœur. Ce phénomène pourra être rappelé par l'apprenant au moment où, dans son désir d'expression, il en éprouvera le besoin.

L'approche communicative ou actionnelle de l'enseignement des langues postule que pour que l'apprenant puisse communiquer en langue étrangère, on doit lui donner les moyens de se constituer un bagage personnel d'outils linguistiques qui lui permettront d'atteindre ses objectifs d'apprentissage. Ces moyens ne sont pas des explications, mais des stratégies de découverte. Le rôle de l'apprenant s'arrête là. Dans ce jeu de découverte/acquisition, c'est maintenant à l'enseignant de conceptualiser, puis systématiser les découvertes. C'est-à-dire de replacer dans un contexte méthodique ce qui a été mis à jour par la déduction. Cela permet d'une part de renforcer la conviction de l'apprenant que sa découverte a été importante puisqu'elle entre dans un système organisé, et d'autre part de faire prendre conscience que cette nouvelle acquisition a désormais un statut officiel qui n'est dû qu'aux apprenants et non au seul enseignant. Cette nouvelle acquisition vient compléter le bagage linguistique mobilisable en cas de sollicitation ou de besoin.

Cette étape de conceptualisation/systématisation ne signifie pas que l'acquisition est définitive, ce serait oublier que « rien n'est jamais acquis », mais simplement qu'elle est en bonne voie.

## Faire communiquer, faire agir, faire réaliser des tâches langagières

Le *Cadre européen commun de référence* a adopté les recherches des linguistes Canale et Swain (1981) ainsi que celles de Bachman (1990), et propose un modèle dit « actionnel », peu éloigné de l'approche dite « communicative », mais encore plus ciblé sur les actions (les tâches) que l'apprenant peut réaliser en langue étrangère[20].

---

20. *Cadre européen commun de référence pour les langues*, p. 15 : « La perspective privilégiée ici est, très généralement aussi, de type actionnel en ce qu'elle considère avant tout l'usager et l'apprenant d'une langue comme des acteurs sociaux ayant à accomplir des tâches (qui ne sont pas seulement langagières) dans des circonstances et un environnement donnés, à l'intérieur d'un domaine d'action particulier ».

Les enseignants connaissent bien, depuis les années 1970, « l'approche communicative », qui met l'accent sur la communication entre les personnes et place l'apprenant au centre du processus d'apprentissage, le rendant actif, autonome et responsable de ses progrès.

L'approche actionnelle, reprenant tous les concepts de l'approche communicative, y ajoute l'idée de « tâche » à accomplir dans les multiples contextes auxquels l'apprenant va être confronté dans la vie sociale. Elle le considère donc comme un « acteur » qui sait mobiliser l'ensemble de ses compétences et de ses ressources (stratégiques, cognitives, verbales et non verbales) pour parvenir au résultat qu'il escompte : la réussite de la communication langagière.

Cette approche permet d'élaborer des activités d'apprentissage qui traitent de la compétence langagière générale (interaction, production, réception, médiation), dans des domaines précis (personnel, public, éducationnel, professionnel), en réalisant des tâches communicatives dans des situations caractérisées par des lieux, des organismes, des acteurs, des objets, des événements.

On trouvera une typologie d'activités d'apprentissage, sous forme de tâches langagières à faire réaliser par les apprenants, dans le chapitre sur la classe.

## Expliquer les objectifs, utiliser un Portfolio européen des langues

« Si tu ne sais pas où tu vas, tu risques de mettre longtemps pour y arriver[21]. »

Les deux métiers, apprenant[22] et enseignant, se rejoignent dans un objectif commun : la maîtrise de la langue étrangère. Tous les deux ne sont cependant pas sur un plan d'égalité dans cette quête. L'avantage de l'enseignant est de connaître les moyens à utiliser pour permettre à l'apprenant d'atteindre son but. Ces moyens consistent en un découpage habile et hiérarchisé d'une série d'objectifs d'apprentissage.

Des objectifs terminaux en passant par des objectifs intermédiaires, des objectifs généraux divisés en objectifs spécifiques : le programme d'enseignement et la progression qui lui est associée n'est qu'une longue suite d'objectifs à atteindre.

L'apprenant captif (celui qui est scolarisé) n'a que rarement formulé son but en termes de capacité : « à la fin de l'année scolaire, je serai capable de.... ». Il se contente, la plupart du temps, d'essayer de faire au mieux ce que l'enseignant lui demande, sans toujours comprendre les raisons pour lesquelles il le fait, car on ne les lui a pas expliquées.

---

21. Proverbe touareg.
22. Le métier d'apprenant : notion expliquée par Louis PORCHER dans *L'évaluation en didactique des langues et des cultures*, Didier Érudition, Paris, 1990.

Expliquer à l'apprenant la progression des objectifs, c'est mettre le but final à sa portée. C'est lui montrer comment il peut construire son apprentissage, par l'acquisition et la maîtrise de chacun des objectifs, du plus petit (de type linguistique) aux plus grands (de type communicatif et actionnel).

Ce type de communication directe entre l'enseignant et l'apprenant démystifie le rôle du premier et permet au second de progresser.

Un outil concret et pratique – le Portfolio européen des langues[23] – devrait être mis entre les mains de tous les apprenants, depuis le plus jeune âge (à l'école primaire) jusqu'aux adultes en formation.

Il s'agit de petits livrets dans lesquels les apprenants peuvent, à l'aide d'une grille globale de niveaux de compétences en langues[24], se positionner dans chaque capacité langagière (expression, compréhension et interaction orale et écrite) sur l'un ou l'autre des niveaux et auto-évaluer, seuls ou avec leur enseignant, leurs compétences.

Le Portfolio leur permet de consigner toutes leurs connaissances linguistiques et culturelles, dans quelque langue que ce soit, qu'elles aient été acquises dans le système scolaire ou en dehors. Ces compétences, définies en fonction des niveaux du *Cadre commun*, sont de ce fait comparables pour toutes les langues et transposables à tous les systèmes.

Consigner et visualiser ses progrès renforce et soutient la motivation, car les Portfolios présentent toujours les résultats de l'auto-évaluation sous une forme positive, valorisante. Connaître les efforts qui restent à faire permet de planifier son apprentissage, de réfléchir aux degrés de compétences que l'on souhaite acquérir, fussent-ils partiels.

## Enseigner l'autonomie et développer l'interaction dans la classe

Dans les systèmes scolaires, toutes disciplines confondues, on exige aujourd'hui beaucoup plus des élèves qu'autrefois. Dès l'école primaire, on leur demande de s'impliquer dans leur travail.

En langues, dans un enseignement communicatif / actionnel, on est encore plus exigeant, car le principe même de ce type d'enseignement mise sur l'implication permanente de l'apprenant dans toutes les activités d'apprentissage proposées ou suggérées par l'enseignant.

L'autonomie s'enseigne. Elle demande une grande vigilance à l'enseignant, qui, toujours pressé de « terminer le programme », passe trop peu de temps à enseigner les stratégies d'apprentissage en autonomie.

---

23. En France, il existe des Portfolios européens des langues pour tous les âges (éditions Didier, Paris). Pour en savoir plus : http://culture2.coe.int/portfolio/
24. La grille d'auto-évaluation du *Cadre commun* est reproduite plus loin.

Ce deuxième type de communication justifie pleinement l'appellation « d'enseignant-formateur ». La qualité et la fréquence des échanges en classe, entre l'enseignant et les apprenants, sur le « savoir apprendre », sont des facteurs qui facilitent l'apprentissage.

Lors des activités de classe, individuelles ou collectives, la variété des interactions peut porter sur :

– l'explication de l'objectif à atteindre et la place de cet objectif dans un objectif plus vaste qui rejoint l'une des capacités décrites dans la grille de niveaux du *Cadre européen commun* ;

– les raisons pour lesquelles cet objectif a été choisi ;

– une négociation sur l'intérêt de l'activité, du thème, du support ;

– un complément d'information sur la consigne ;

– des suggestions et des propositions de la part des apprenants sur les modalités de travail (individuel, en sous-groupes, en temps limité ou non, avec ou sans désignation d'un rapporteur, etc.) ;

– la répartition des rôles des apprenants au cours de l'activité en sous-groupes ;

– les discussions qui s'opèrent au sein du groupe de travail ;

– la validité d'une piste de recherche dans laquelle s'engager pour mener à bien l'activité proposée ;

– la pertinence des apports linguistiques et méthodologiques ;

– la nécessité d'une correction immédiate ou, au contraire, différée ;

– l'utilisation d'aides (dictionnaires, grammaires, guides de conjugaison, outils de référence, etc.) ;

– la façon dont les encouragements sont ressentis…

On le voit, les occasions d'échanger et de communiquer sont innombrables. Pour ce troisième type de communication, il est possible de débuter en langue maternelle pour progressivement passer à la langue cible, lorsque les outils linguistiques permettant de le faire sont acquis. On parvient alors à une véritable communication de type scolaire, qui est une communication authentique lorsqu'elle se déroule au sein de la classe, et qui est aisément transférable à d'autres types de communication en dehors de la classe.

Pour conclure, l'enseignant-formateur n'est plus le grand dispensateur[25] du savoir et des savoir-faire, mais celui qui met sa compétence linguistique, culturelle et pédagogique au service de l'intérêt des apprenants, en étant à la fois l'organisateur de l'apprentissage, l'expert auquel l'apprenant peut faire appel, l'animateur de sa classe, la personne ressource, celui qui fait découvrir, conceptualiser et systématiser les acquisitions, celui qui se remet en question, qui fait confiance et surtout celui qui a le plus de patience…

25. SHEILS, Joseph, *La communication en classe de langue*. Conseil de l'Europe, Projet n° 12 : « Apprentissage et enseignement des langues vivantes aux fins de communication », 1991.

## Évaluer

Dans sa formation initiale, l'enseignant ne reçoit guère de formation à l'évaluation, encore moins à l'auto-évaluation...

Tout se passe comme s'il avait, de par sa fonction, la science qui lui permet de savoir évaluer les progrès de ses élèves, sans trop se poser de questions. Il reproduit souvent, en fait, le schéma suivant lequel il a lui-même été évalué au cours de ses études. Cette évaluation, essentiellement dictée par les impératifs de l'institution scolaire ou universitaire, ne prend en compte que l'un des aspects de l'évaluation, celle de l'évaluation sommative, qui permet de délivrer notes et diplômes, à usage social (passage d'une classe à l'autre, obtention d'un diplôme final de fin d'études).

Or, l'évaluation peut être définie comme un objet de malentendu entre :
– l'évaluateur et l'évalué : « Pourquoi cette note, je ne comprends pas, j'avais pourtant l'impression d'avoir réussi... Il note à la tête du client... » ;
– les évalués entre eux : « J'ai écrit la même chose qu'Untel et il a une meilleure note que moi... » ;
– l'établissement et l'évaluateur : un enseignant dont les élèves ont de mauvais résultats craint d'être qualifié de « mauvais professeur... » ;
– les évaluateurs entre eux : « Ah l'année dernière, vous aviez Monsieur X/ Madame Y, vos résultats ne m'étonnent donc pas... » ;
– les parents et l'évaluateur : « Mon fils / ma fille vaut mieux que la note que vous lui avez mise... il est complètement démotivé à cause des notes que vous mettez... » ;
– les parents et l'évalué : de mauvais résultats sont souvent synonymes d'un mauvais travail ;
– l'établissement et l'institution ministérielle : voir, à ce sujet, les palmarès des institutions qui fleurissent chaque année et dont les critères d'évaluation sont peu transparents (palmarès des meilleurs lycées, des meilleures universités, des meilleures grandes écoles,...) ;
– l'évalué et la société : des résultats corrects sans plus, barrent la voie des classes préparatoires qui donnent accès aux grandes écoles. De mauvais résultats signifient souvent, à tort, que l'individu est inapte à l'entrée sur le marché du travail.

Réfléchir à d'autres façons d'évaluer, c'est tout d'abord montrer du respect pour chaque individu, à partir de son plus jeune âge, pour ce qu'il est capable d'acquérir, pour les progrès qu'il fait dans son apprentissage. C'est également le moyen de lever, totalement ou partiellement, ces malentendus.

De nombreux pédagogues réfléchissent à l'évaluation des acquis, en proposant des modalités d'évaluation différentes de la simple notation.

Encore faut-il que la finalité de ces modalités ne soit pas d'aboutir *in fine* à une notation, car, en ce cas, l'évaluation censée être différente ne sera pas ressentie comme telle par les apprenants.

Nous demandons aux apprenants de se remettre en question et de prendre leur apprentissage en main, de consentir, par « contrat »[26], à sortir du rôle passif auquel les habitudes scolaires les a habitués. Nous leur donnons ainsi un droit de regard sur l'évolution de leurs progrès. Ayant défini leurs propres objectifs, ils ont le droit de savoir à tout moment où ils en sont et de connaître de quelle façon et pour quelles raisons ils vont être évalués.

Il faut donc expliquer aux apprenants les motifs et les modalités de l'évaluation qui va leur être appliquée.

Il est aisé de définir, d'expliquer et de séparer clairement tout ce qui relève du domaine du contrôle, qui mène à une notation puis plus tard à une certification, de tout ce qui appartient au domaine de la prise d'information, qui constitue l'évaluation formative.

Le tableau ci-après permet de comparer ces deux grands domaines de l'évaluation.

La norme est opposée aux critères, dans la mesure où ni l'enseignant, ni l'apprenant n'ont de prise sur la norme (celle des grammaires et des dictionnaires), alors que l'un comme l'autre peuvent définir des critères d'évaluation (ces paramètres qui permettent de dire si l'objectif d'apprentissage est atteint et maîtrisé, ou simplement en voie d'acquisition).

Les fiches d'auto-estimation (on préférera l'appellation « auto-estimation » à celle « d'auto-évaluation », car dans le concept d'évaluation la notion de note est présente, alors que l'activité proposée ne donne en aucun cas lieu à une notation) permettent à l'apprenant de décider si un objectif est ou non atteint.

L'apprenant peut, par exemple, répondre par écrit à un questionnaire du type suivant, et consigner les résultats dans son Portfolio européen des langues.

---

26. Voir, plus loin, le contrat d'apprentissage.

| LE CONTRÔLE (évaluation sommative, normative) | LA PRISE D'INFORMATION (évaluation formative, critériée et auto évaluation) |
|---|---|
| ↓ | ↓ |
| Contrôler, c'est vérifier la conformité des performances de l'apprenant à la | L'information que l'on recherche, c'est autant pour l'apprenant que pour l'enseignant, de savoir si les objectifs fixés sont ou non atteints, selon les |
| ↓ | ↓ |
| **Norme** de la langue cible. | **Critères** formulés par l'enseignant. |
| ↓ | ↓ |
| pour cela, on utilise des tests calibrés, des exercices, des examens, qui donnent lieu à une | pour cela, on utilise des activités d'évaluation, des fiches d'auto-estimation, des exercices de vérification qui donnent lieu à une |
| ↓ | ↓ |
| **Note.** Cette évaluation est **imposée**, elle sert à classer les élèves entre eux. La note est la seule information donnée. Il s'agit d'une évaluation sanction. | **Information commentée.** Cette évaluation est **consentie**, elle apporte des informations sur les acquis et sur ce qu'il reste à acquérir. Il s'agit d'une évaluation (in)formative. |
| **Elle mène à la certification.** Elle a une valeur sociale. | **Elle mène à la reconnaissance des compétences.** Elle a une valeur formative. |

Objectif de niveau A2 : **Savoir demander et obtenir une information par téléphone**

| Je suis capable de : | Oui | Non |
|---|---|---|
| 1. Consulter un annuaire (papier ou électronique) | | |
| 2. Me servir d'un téléphone | | |
| 3. Saluer mon interlocuteur | | |
| 4. Me présenter | | |
| 5. Poser la ou les questions nécessaires | | |
| 6. Dire que je n'ai pas compris la réponse | | |
| 7. Demander de répéter | | |
| 8. Epeler un nom propre | | |
| 9. Reformuler | | |
| 10. Remercier | | |
| 11. Prendre congé | | |

Nous sommes bien ici, dans le domaine de la **prise d'information**. Celle-ci est donnée par l'apprenant, puis confirmée ou infirmée par l'enseignant ou les autres apprenants du groupe classe. La compétence pourra être formalisée ainsi :

| **Compétence** | Date : … | Date : … | Date : … | Date : … |
|---|---|---|---|---|
| Confirmée | | | | ✗ |
| À renforcer | | | ✗ | |
| En cours d'acquisition | | ✗ | | |
| Non encore acquise | ✗ | | | |

Lorsque nous « négocions » avec l'apprenant le contrat d'enseignement/apprentissage, nous l'associons à la bonne marche des activités de classe. Nous devons également l'associer à l'évaluation de ses productions afin de lui donner des repères concrets dans la visualisation de ses progrès. L'auto-estimation exerce le jugement, encourage le développement de la confiance en soi et facilite la projection de l'apprenant dans son projet d'apprentissage. Elle favorise par ailleurs la discussion entre enseignant et apprenants et, de ce fait, les rapproche.

Cependant, si ces deux domaines de l'évaluation sont nécessaires, on ne peut ni leur donner la même place, ni se passer de l'un ou de l'autre.

Les institutions ont un besoin impératif des notes, qui permettent par exemple de justifier le passage dans un niveau supérieur.

L'enseignant, qui croyant faire de l'évaluation formative, à son sens bien plus profitable à l'acquisition des compétences, et qui, poussé par le besoin de l'institution, note les activités de prise d'information, n'effectue que du contrôle déguisé et risque de faire perdre le bénéfice de ces activités.

Peut-être également n'a-t-il pas admis l'intérêt de la séparation des deux domaines contrôle/prise d'information, et de ce fait n'a pas suffisamment expliqué aux apprenants l'ensemble du concept évaluatif.

Peut-être enfin ne souhaite-t-il pas pratiquer cette évaluation formative.

Aucune attitude n'est condamnable, à condition que la manière d'enseigner (l'approche didactique choisie) soit cohérente avec la démarche évaluative.

On doit cependant noter que l'apprenant qui a compris et accepté l'évaluation formative sous ses divers aspects souhaite toujours continuer à être informé sur l'état de ses progrès (la qualité de son interlangue), même s'il désire également être parfois placé en situation de compétition ou d'examen, pour connaître sa valeur « institutionnelle ».

## Certifier

Devant le développement des échanges internationaux et l'accroissement de la mobilité des étudiants et des travailleurs, l'évaluation en langue est clairement devenue un marché économique important[27]. De nombreux organismes et institutions élaborent aujourd'hui des examens et des « tests » de langue. Ces certifications sont payantes. La vitesse à laquelle elles se développent et le nombre de personnes qui s'y présentent montrent l'importance qui leur est donnée.

### ▶ Les certifications en français langue étrangère du ministère français de l'Éducation nationale

L'offre du ministère de l'Éducation nationale en évaluation des compétences en français des non-francophones constitue aujourd'hui un dispositif complet et cohérent. La diversité des objectifs des certifications proposées permet de pouvoir offrir à chaque public la certification dont il a besoin et assure une large visibilité à l'enseignement et à la diffusion de la langue. Ce dispositif, dans un contexte grandissant de mobilité des personnes, devient un élément clé de la politique linguistique de la France et contribue à ses actions en faveur de la diversité linguistique dans le monde.

Le CIEP, établissement public du ministère de l'Éducation nationale en charge des certifications officielles en français langue étrangère, propose, pour chaque

---

27. À titre indicatif, chaque année, plus d'un million de candidats passent les tests de l'UCLES (Cambridge). Les diplômes DELF et DALF sont présentés par plus de 100 000 candidats par an, de même que le TCF, qui, lancé en janvier 2002, enregistre plus de 50 000 inscriptions par an…

classe d'âge et chaque type de public, un choix d'évaluation (évaluation diagnostique, sommative, formative ou auto-évaluation), parmi lequel chacun, en fonction de ses objectifs – scolaires, académiques ou professionnels – peut faire valider ses compétences.

Ces diplômes et tests du ministère sont tous harmonisés sur les six niveaux de l'échelle de compétence en langues du Conseil de l'Europe.

### 1. Le DELF et le DALF, un peu d'histoire

Le DELF et le DALF ont eu 15 ans en l'an 2000 et sont présents dans 159 pays et 1 005 centres d'examens[28] – auxquels s'ajoutent une cinquantaine de centres sur le territoire français. Le succès de ces certifications n'est plus à démontrer, car plus de 3 millions d'inscriptions ont été enregistrées en 20 ans. À l'heure où le besoin de certifications se fait jour, il n'est pas inutile de rappeler le pourquoi de ce succès.

**Certifier une vraie compétence de communication**

Trois grands principes régissent ces certifications : tout d'abord tirer profit, dans les pratiques évaluatives, des acquis de la pédagogie communicative et actionnelle ; puis prendre en compte la diversité des apprenants et de leurs motivations, ainsi que celle des rythmes et modes d'apprentissage ; enfin, s'appuyer au maximum sur la compétence des équipes de chaque pays. Bref, dépasser le mythe de l'examen « universel », qui se dit valable pour tous les contextes et toutes les cultures, tout en garantissant une évaluation valide et fiable.

D'où des choix pédagogiques originaux et relativement « risqués » à l'époque où ils ont été conçus : une organisation des examens en 10 unités capitalisables, dont la passation peut être librement étalée dans le temps et dans l'espace ; une progression par paliers (100 heures de français environ par unité) permettant à un apprenant d'engager la procédure certificative dès la première année d'apprentissage ; des épreuves centrées davantage sur des savoir-faire en français que sur une compétence purement linguistique, et proposant des tâches proches de situations réelles d'usage de la langue ; une organisation décentralisée des épreuves, les sessions, sujets d'examen et équipes d'examinateurs étant propres à chaque pays.

**2001 : parution du *Cadre européen commun de référence pour les langues* et évolution du DELF-DALF**

Précurseurs en la matière, les diplômes du DELF et du DALF sont les premiers à s'être harmonisés sur les six niveaux du Conseil de l'Europe, suivant pour ce faire la méthodologie rigoureuse décrite dans le manuel permettant de relier les examens de langues aux niveaux du *Cadre*.

---

28. Chiffres 2006.

En termes de publics et de réseaux, trois tendances se sont progressivement affirmées.

En premier lieu, un meilleur ancrage du DELF-DALF dans le paysage éducatif de nombreux pays *via* la reconnaissance officielle par les institutions locales, qu'il s'agisse de dispenses d'examens ou de crédits délivrés par les universités, de facilités pour l'obtention de bourses d'études, d'avantages dans la fonction publique en termes d'avancement ou de salaire, ou d'intégration dans la formation continue des enseignants.

En second lieu, une augmentation notable du nombre de candidats jeunes (13-16 ans), liée à l'utilisation croissante de ces examens dans les cursus scolaires (voir ci-dessous).

Enfin, une tendance marquée à repenser l'organisation du DELF à l'échelle d'une zone géographique, sous forme de « sessions régionales » regroupant plusieurs pays, avec un double objectif : permettre à des pays disposant d'équipes restreintes d'ouvrir des centres d'examen mais aussi aider à la mise en place ou au renforcement d'une politique linguistique commune. Parmi les sessions régionales les plus importantes en nombre de participants, citons celles d'Amérique centrale (Costa Rica, Guatemala, Honduras, Nicaragua, Panama, Salvador), d'Afrique australe (Botswana, Mozambique, Namibie, Swaziland, Zambie, Zimbabwe,) et d'Asie du Sud-Est (Singapour, Indonésie, Vietnam, Cambodge, Birmanie, Laos, Brunei, Philippines, Malaisie, Chine).

### Centralisation de la conception des sujets et habilitation des correcteurs et examinateurs

Les sujets sont désormais conçus de façon centralisée par la commission nationale du DELF et du DALF, sise au CIEP, selon un calendrier annuel de sessions. Afin de permettre aux centres d'examen d'organiser leurs sessions dans les meilleures conditions, ces sujets sont envoyés dix semaines avant la session.

Un dispositif de formation et d'habilitation des correcteurs et des examinateurs a été mis en place. Des sessions de formation[29], organisées par le CIEP en collaboration avec le ministère des Affaires étrangères, ont permis d'habiliter les milliers de correcteurs et d'examinateurs des centres d'examens des 159 pays proposant ces diplômes nationaux à leurs publics, afin de garantir la fiabilité de l'organisation d'ensemble et de l'évaluation.

### Alignement sur les autres diplômes européens

Le DELF et le DALF, désormais alignés sur les six niveaux du *Cadre*, sont comparables aux certifications que proposent, chacun pour sa langue, les ministères ou

---

29. Formation « en cascade » : formation des formateurs dans un premier temps, puis démultiplication de la formation reçue.

les centres de langues européens : examens du Goethe Institut, examens des universités de Cambridge, de Salamanque ou de Pérouse.

L'échelle commune de compétences permet d'harmoniser la lecture des niveaux de compétences pour les différentes langues.

**La réciprocité**

Ces diplômes français ouvrent la voie vers des partenariats avec les ministères en charge de l'éducation de différents pays, qui peuvent ainsi, dans le cadre de conventions de réciprocité, proposer leurs diplômes de langue nationale étrangère aux publics scolaires français.

**Les raisons du succès : une évaluation formative**

Malgré l'indéniable complexité de gestion générée par ces choix, le succès de ces examens n'a cessé de croître. Les raisons sont liées aux principes créateurs : le rôle important dévolu aux enseignants de français de chaque pays, qui y trouvent une reconnaissance tangible de leurs compétences et la possibilité d'introduire dans leurs classes une nouvelle approche : la progression par paliers d'apprentissage, qui, en dédramatisant la situation d'évaluation, incite davantage d'apprenants à « tenter leur chance ».

Les différents diplômes du DELF et du DALF constituent un système de certification qui accompagne l'apprentissage, jalonne et valide la construction progressive d'une véritable compétence de communication en français tout au long de la formation. Les avantages sont clairs et motivants pour les apprenants puisque ce système s'adapte à tous les rythmes et à toutes les stratégies d'apprentissage ; ils sont évidents pour les enseignants et les institutions qui y trouvent des points de repère et des objectifs concrets propices à la mise en place ou à la révision de cursus en français, ainsi qu'un moyen de fidéliser leur public.

Les atouts du DELF et du DALF en matière de valorisation progressive des apprentissages sont bien perçus tant des institutions que des apprenants. Prenons l'exemple de pays organisant des sessions spécifiques pour un public scolaire qui ne dispose que de deux ou trois heures de français hebdomadaires dans les dernières années du secondaire. Dans ce cas, l'objectif ne peut être l'obtention du DALF C1 ou C2, mais seulement celle des deux premiers niveaux (A1, A2) : la passation des épreuves est donc valorisée d'abord pour son intérêt pédagogique et comme élément concret de validation du cursus. La qualité de l'outil prime ainsi sur l'objet diplôme, ce qui n'est pas le moindre succès pour une certification.

Ajoutons que le DELF et le DALF sont aujourd'hui perçus comme une sorte de « label France » et constituent à ce titre un outil privilégié de coopération linguistique : le travail en partenariat entre équipes françaises, enseignants et institutions locales favorise à son tour une reconnaissance officielle par les universités, les ministères ou les entreprises, tandis que la nature communica-

tive et actionnelle des épreuves encourage la réflexion sur les pratiques pédagogiques et le contenu des enseignements. Dès 1996, une enquête du ministère des Affaires étrangères avait de ce fait conclu à *la place désormais*
*incontestable de ces certifications, notamment du DELF, comme instrument de*
*notre politique linguistique en terme de fidélisation des publics et de valorisation*
*des acquis linguistiques.*

### Le DELF « Junior » et « scolaire » : une voie ouverte vers la coopération

Initialement, le DELF était présenté en majorité par des étudiants et des
adultes en situation professionnelle. Depuis quelques années, une demande croissante de la part des publics d'âge scolaire, niveau collège ou lycée, a conduit des
pays à mettre en place, parallèlement aux sessions « pour adultes », des sessions
spécifiques où les sujets sont adaptés à l'âge et à la maturité de ce jeune public,
à leurs préoccupations, le format des épreuves et les savoir-faire attendus pour
chaque diplôme demeurant évidemment les mêmes. Après l'Italie et la Suisse,
nombre de pays se sont engagés dans cette nouvelle voie qui permet à la fois
de renforcer la présence du français dans les systèmes nationaux d'enseignement public ou privé, de motiver les élèves et les parents, de faire évoluer les
pratiques de classe et les contenus pédagogiques et d'intéresser les autorités
éducatives. Les pays d'Europe qui ont adopté le *Cadre européen commun de réfé-*
*rence* pour la refonte de leurs programmes de langue sont concernés. Hors
d'Europe, au Moyen-Orient, en Amérique latine, aux États-Unis, au Québec, en
Asie et en Afrique du Sud, de nombreux établissements proposent à leurs publics
scolaires des certifications de fin de cursus collège ou lycée.

### 2. Le DILF

Le DILF (Diplôme initial de langue française) est un nouveau diplôme de français.

L'originalité de ce diplôme est qu'il constitue une première étape vers le DELF
et le DALF. Il permet de constituer la trilogie DILF-DELF-DALF, et de proposer
ainsi aux non-francophones des diplômes de tous niveaux, correspondant à tous
les besoins.

Le DILF évalue les premiers acquis en français et valide donc un premier niveau
de maîtrise du français : le niveau A1.1, qui correspond à environ la moitié des
contenus du niveau A1 du *Cadre européen commun de référence pour les langues*.
Le DILF s'appuie sur le *Référentiel pour les premiers acquis en français*[30] qu'il a
fallu créer à cet effet. Il évalue les compétences d'expression et de compréhension orales et écrites.

Le *Référentiel pour les premiers acquis en français* et le DILF sont le résultat
de travaux conduits par la Délégation générale à la langue française et aux langues

---

30. Éditions Didier, Paris, 2006.

de France (DGLFLF, ministère de la Culture et de la Communication), à la demande de la Direction de la population et des migrations (ministère du Travail, de l'Emploi et de la Cohésion sociale), dans le cadre du Contrat d'accueil et d'intégration des étrangers en situation régulière s'installant en France, qui comprend, si nécessaire, une formation de base à la langue française.

En dehors de ce cadre, le DILF est proposé à tous les publics relevant de ce niveau initial. Le CIEP, membre du groupe d'experts, a conçu le DILF ; il en assure la gestion pédagogique et administrative.

### 3. Le Test de connaissance du français (TCF)

Le ministère français de l'Éducation nationale, de l'Enseignement et de la Recherche a confié au CIEP[31] la mission d'élaborer un test d'évaluation des niveaux de compétence en français langue étrangère afin de remplacer l'ancienne épreuve de vérification linguistique proposée aux étudiants étrangers souhaitant venir étudier en France[32], qui était devenue obsolète, tant par ses contenus que par sa forme.

La volonté ministérielle était de se doter d'un test fiable, valide, aux modalités de passation rapides et de se positionner ainsi au niveau des grands pays européens qui disposaient déjà d'un tel test. Près de deux ans ont été nécessaires pour élaborer un outil de qualité.

Le TCF est obligatoire pour les étudiants étrangers qui déposent un dossier de demande d'admission préalable en premier cycle des universités[33] et il est, pour le deuxième et le troisième cycle, le test recommandé par la Conférence des présidents d'université.

Notons que les titulaires du DALF C1 ou C2 sont dispensés de la passation du TCF.

Le TCF s'est doté d'un conseil scientifique, présidé par le vice-président du Conseil supérieur de la langue française et constitué de 20 linguistes, grammairiens et lexicologues.

Le test comporte trois épreuves obligatoires sous forme d'un QCM (questionnaire à choix multiples) de 80 items, d'une durée totale de 1 h 30 :
– compréhension orale : 25 minutes,
– structures de la langue (grammaire et lexique) : 20 minutes,
– compréhension écrite : 45 minutes.

---

31. Le décret n° 2000-1017 du 12 octobre 2000, Article 2.2., stipule que le CIEP « est chargé de l'organisation des examens institués par le ministère de l'Éducation nationale pour évaluer l'enseignement du français langue étrangère ». C'est la raison pour laquelle cet établissement public gère administrativement et pédagogiquement le DELF, le DALF, le DILF et le TCF.
32. Par le décret du 13 mai 1971, le ministère s'était doté de l'épreuve de vérification linguistique pour les étudiants étrangers.
33. Arrêté du 21 novembre 2003.

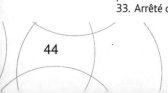

44

Il propose aussi deux épreuves facultatives, pour évaluer les compétences en :
– expression orale : 15 minutes,
– expression écrite : 1 h 45.

La correction de toutes les épreuves du TCF (obligatoires et facultatives) est centralisée au CIEP. Le QCM est corrigé par scanneur ; l'évaluation de l'expression orale (enregistrée sur cassette audio) et la correction de l'expression écrite sont effectuées à l'aide de barèmes standardisés, par des équipes de correcteurs habilités. Le TCF existe en version papier et en format électronique. Il est décliné en une version « Relations internationales » (TCF RI), destinée à évaluer les compétences spécifiques des futurs fonctionnaires internationaux et diplomates.

### ▶ Les certifications des universités

Les diplômes universitaires certifiant l'apprentissage du français langue étrangère tendent à disparaître au profit des diplômes DELF et DALF, qui ont une reconnaissance internationale et peuvent donc, en tant que tels, être monnayés sur le marché du travail, en France comme à l'étranger. Il vaut mieux se renseigner auprès des universités pour connaître celles qui en proposent.

Ils s'organisent ainsi :
– Certificat de langue française : CLF
– Certificat pratique d'études françaises : CPLF
– Diplôme d'études françaises : DEF
– Diplôme approfondi d'études françaises : DAEF
– Le Diplôme supérieur d'études françaises : DSEF

### ▶ Les certifications de l'Alliance française de Paris

#### 1. Des diplômes

Les diplômes délivrés par l'Alliance française de Paris s'organisent ainsi :
– Certificat d'études de français pratique : CEFP1 et 2
– Diplôme de langue : DL
– Diplôme supérieur : DS
– Diplôme supérieur langue et cultures françaises : DSLCF

Ils couvrent les niveaux A2 à C1 du *Cadre européen commun de référence*. Il en est délivré environ 7 000 par an.

Longtemps reconnus dans de nombreux pays, ces diplômes ont été au fil des années supplantés par les diplômes du ministère français. Le DELF et le DALF sont en effet proposés par 380 Alliances françaises dans le monde.

#### 2. Un test

Le test Bulats s'adresse à un public d'adultes en situation professionnelle. Les versions informatisée et papier évaluent la capacité en compréhension orale, en compréhension écrite, grammaire et vocabulaire des candidats.

Ces versions sont adaptatives et s'inscrivent dans un processus d'apprentissage de la langue lié à un contexte professionnel.

## ▶ Les certifications de la Chambre de commerce de Paris

### 1. Des diplômes

Ils concernent, en premier lieu, le français des affaires, puis le français de différentes professions. Ils certifient une compétence à travailler en français au sein d'une entreprise et s'organisent ainsi :

- Français des affaires :
- Diplôme de français des affaires 1er et 2e degrés : DFA
- Diplôme approfondi de français des affaires : DAFA

- Français des professions :
- Certificat de français professionnel : CFP
- Certificat de français juridique : CFJ
- Certificat de français du secrétariat : CFS
- Certificat de français du tourisme et de l'hôtellerie : CFTH
- Certificat de français scientifique et technique : CFST

Tous diplômes confondus, il en est délivré environ 8 500 par an.

### 2. Un test

Conçu et développé par la Chambre de commerce et d'industrie de Paris, le Test d'évaluation de français (TEF) permet de tester les compétences de français général en compréhension et en expression.

# Chapitre 3

# L'élève/l'apprenant : les lieux d'apprentissage, les contraintes

L'élève est passé au statut d'« apprenant » lorsque, grâce aux approches communicatives, et pour bien marquer la différence, on a considéré qu'il n'était plus un récipient qu'il suffisait de remplir d'un savoir distillé par l'enseignant-robinet, mais qu'il devait prendre son apprentissage en main.

Dans cet ouvrage, on utilisera l'un ou l'autre terme, en retenant deux grandes catégories d'élèves-apprenants, que l'on définira par leurs besoins et leurs motivations.

## LE SCOLAIRE « CAPTIF »

Le public dit « captif » est celui qui est inscrit dans une filière scolaire ou dans une école de langue dispensant un enseignement de langue étrangère.

À l'école primaire, l'enfant ne dispose pas des données qui lui permettraient de choisir la langue étrangère qu'il va apprendre. Il ne peut décider lui-même, il est contraint, du fait des décisions familiales ou de l'offre proposée par son école, de suivre les cours de langue qui lui sont imposés.

Ces jeunes suivent en général des cours de langue dite « générale », dont le programme et la progression, voire la méthodologie d'enseignement, relève du cursus scolaire des pays où ils sont inscrits.

En France, le ministère de l'Éducation nationale a officiellement adopté le *Cadre commun* pour l'élaboration des programmes de langues. Pour la première langue vivante, les niveaux que doivent aujourd'hui atteindre les élèves français sont respectivement A1 en fin d'école primaire, B1 en fin de 3e (brevet des collèges) et B2 en fin de lycée (baccalauréat).

Lorsque l'apprentissage de la langue se fait en milieu scolaire, surtout en première année, c'est bien souvent la nouveauté de la matière qui motive l'enfant. La langue française a la réputation de ne pas être une langue « facile », c'est donc la relation pédagogique et affective qui s'instaure entre l'enseignant et ses élèves qui joue un rôle déterminant dans le succès ou le rejet de cet apprentissage[1].

---

1. Au sujet de la relation affective et de ses implications dans l'apprentissage, voir BOGGARDS, cité en bibliographie.

Les motivations et les objectifs, non toujours formulés, de ce type de public sont très concrets : à l'école primaire, c'est s'amuser en apprenant et pouvoir montrer à ses parents ce que l'on a appris. Les Portfolios européens des langues peuvent à cet effet jouer le rôle de bulletin scolaire qui permet aux parents de visualiser les compétences acquises. Au collège et au lycée, c'est être capable de parler et d'écrire la langue étrangère de façon suffisamment correcte pour réussir à l'examen qui sanctionne ces compétences.

Une fois passé le cap de résultats scolaires positifs, l'attrait pour une langue étrangère est renforcé par les rencontres que l'on peut faire avec des natifs et la sympathie plus ou moins grande qu'ils inspirent, puis par des voyages scolaires ou familiaux dans le pays de la langue cible et l'attirance éprouvée pour sa culture et ses locuteurs ; enfin, par la découverte du but, si lointain qu'on ne pouvait l'envisager étant lycéen, qui est la possibilité d'utiliser cette langue étrangère à des fins de communication ou à des fins professionnelles.

Lorsqu'on est un apprenant « captif mais communicatif », la classe de langue va peu à peu apparaître comme un espace de liberté, où l'on prend une part active à son apprentissage. La liberté ne va pas cependant sans contraintes.

## LES LIBERTÉS ET LES CONTRAINTES

• L'apprenant a été averti dès le début des cours qu'il doit prendre une part de responsabilité dans son apprentissage. Cette nouvelle fonction ne lui est pas toujours familière, le système scolaire ne l'ayant pas nécessairement habitué à se prendre en charge. S'il a l'habitude de travailler seul, on lui demande maintenant de travailler en tandem ou en petit groupe et de développer un esprit d'équipe. La tentation est souvent grande, soit de laisser l'autre ou les autres faire le travail à sa place, soit au contraire de diriger les activités de façon à en être le seul bénéficiaire. Le rôle de « leader » est néanmoins important, il peut être positif s'il facilite le travail du groupe.

• On lui demande d'être autonome. Il lui faut apprendre à se connaître, à auto-estimer ses compétences et ses lacunes, à reconnaître ce qu'il a appris, ce qui lui reste à apprendre. Il lui faut savoir utiliser au mieux ses compétences reconnues et maîtriser des outils méthodologiques d'apprentissage. On lui demande en quelque sorte d'exploiter un potentiel dont il ignorait l'existence. Cet apprentissage est gratifiant, mais lent et difficile.

• Il n'a jamais eu de droit de regard sur les programmes des différentes matières qui composent son cursus scolaire. En classe de langue, on lui donne la possibilité de s'exprimer sur les choix des objectifs d'apprentissage et sur les méthodes de travail. Ces décisions sont souvent déstabilisantes et perturbantes.

• Il peut également s'exprimer sur l'évaluation de ses acquis, remettre en question, grâce aux fiches d'auto-estimation, les résultats d'une évaluation sommative portant sur le même sujet.

Les règles du jeu seront établies ensemble, lors des premières heures de cours, à l'aide du « contrat d'apprentissage » qui sera présenté plus loin.

## L'ADULTE

L'adulte, au contraire du scolaire « captif », a fait clairement le choix d'apprendre une langue étrangère. Ce choix implique un investissement personnel, investissement en temps et investissement financier, qui doit être rentable.

On peut distinguer deux types de publics adultes : ceux qui s'inscrivent à des cours de langue pour des raisons personnelles (approfondir une culture générale, préparer un voyage touristique, lire des ouvrages dans le texte, réactiver des acquis déjà anciens, communiquer avec un ami étranger, etc.) et ceux qui sont en activité professionnelle ou à la recherche d'un emploi qui implique la maîtrise de la langue étrangère. Ce dernier public est à forte motivation.

Les premiers représentaient autrefois le plus gros des effectifs des centres de langues. On constate aujourd'hui que la demande émane de plus en plus du second type de public.

Les demandes de ce second public correspondent à des besoins langagiers spécifiques : ce qu'il doit savoir faire en langue cible au cours de son activité professionnelle ou sociale. La maîtrise d'une ou plusieurs langues est vécue comme un impératif.

Il s'agit d'une demande très ciblée, à laquelle les centres de langues répondent en organisant des cours « sur objectifs spécifiques ».

Ces publics non captifs relèvent d'une validation simple, rapide et surtout disponible à n'importe quel moment de leurs compétences.

## LA CLASSE : LES DIFFÉRENTES APPROCHES DIDACTIQUES[2]

L'enseignant, pour pouvoir se forger au fur et à mesure de son apprentissage du métier sa propre méthodologie, doit pouvoir connaître et s'appuyer sur les

2. COSTE, D., Le renouvellement méthodologique de l'enseignement du français langue étrangère, in Le français dans le monde, 1972.
PUREN, C., op. cit.
GERMAIN, C., Évolution de l'enseignement des langues : 5 000 ans d'histoire, coll. DLE, CLE International, 1993, et surtout :
BESSE, H., Méthodes et pratiques des mnauels de langue, Didier/CREDIF, Paris, 1985.

approches didactiques qui ont précédé celle(s) actuellement en vigueur. La palette des idées divergentes, des pratiques contradictoires et des certitudes révolues que l'évolution de la didactique des langues met à sa portée, et qui ont souvent engendré des diktats, est pour lui une source inépuisable de réflexion.

Les tableaux des pages suivantes peuvent donner à penser que l'on n'a pu passer de l'une à l'autre des différentes approches qu'en faisant table rase de la précédente. Certes, les directives pédagogiques données aux professeurs ont parfois explicitement interdit ou autorisé certaines démarches (c'est le cas de l'interdiction, puis de la tolérance et enfin de la recommandation du recours à la langue maternelle pour donner des explications). Dans l'ensemble, le libre-arbitre de l'enseignant, ses préférences et ses constats de « ce qui marche » et « ce qui n'a pas marché » ont heureusement prévalu.

On commencera, dans un rapide tour d'horizon, par s'intéresser aux approches pré-audiovisuelles.

## La méthode traditionnelle « grammaire-traduction »

C'est celle qui a eu la plus longue durée de vie, car, caractéristique du XVIe siècle, elle s'impose encore de nos jours, dans les exercices traditionnels de thème et de version, voire même dans les activités de traduction de phrases isolées.

C'est par la pratique de la traduction qu'est enseignée la grammaire.

La critique est aujourd'hui aisée, car la compétence communicative est totalement absente de cette méthodologie.

## La méthode directe

Une de ses caractéristiques est l'importance donnée à la prononciation et donc à des activités liées à l'application de l'alphabet phonétique international (API).

En réaction à la méthodologie précédente, la traduction est bannie de la classe de langue. Les explications lexicales, du plus concret au plus abstrait, se font en langue cible, voire à l'aide de gestes et de mimiques. De fait, l'acquisition du lexique s'avère assez pauvre et difficilement mobilisable pour la communication, car s'il est aisé de décrire ou de montrer un objet, il est moins facile de mimer un concept. La grammaire n'est pas explicite, sa découverte par les élèves est implicite et inductive, selon les documents proposés. Les exercices de réemploi sont nombreux.

## La méthode audio-orale

Elle se base sur les apports de la linguistique structurale et donne la priorité à l'apprentissage de l'oral.

Elle est caractérisée par :
– la présentation, dans un dialogue, d'une structure grammaticale,
– la répétition et la mémorisation,
– l'introduction des exercices structuraux.

La critique de la linguistique structurale par Noam Chomsky (1959) a commencé à se diffuser quelques années plus tard aux États-Unis, sonnant le glas de la méthode audio-orale.

Les critiques mettant plusieurs années à traverser l'océan Atlantique, c'est à cette époque que se sont développées en France les méthodologies dites structuro-globales audiovisuelles (SGAV) fondées sur la toute-puissance du structuralisme ainsi que sur une totale confiance dans les théories behavioristes de l'apprentissage des langues et dans les bienfaits des techniques permettant de fixer des mécanismes.

C'est en réaction contre ces excès que furent conçues dans les années 1970 des approches « communicatives » qui visaient à donner l'apprenant l'occasion de « dire et de faire »[3] dans des situations courantes de communication orale et écrite. Le tableau ci-après (p. 52-53) résume l'évolution chronologique de ces méthodes et approches.

## La méthode SGAV

Elle met également l'accent sur l'apprentissage de l'oral, l'apprentissage de la grammaire étant implicite.

Le SGAV se base sur deux principes :

• **le structuro-global** : pour permettre l'apprentissage, il faut « structurer globalement » l'apprenant, en lui apportant à la fois des éléments linguistiques (lexique, grammaire, phonétique) et des éléments non linguistiques tels que le rythme, l'intonation, les gestes et les mimiques ;

• **l'audiovisuel** : il faut présenter simultanément l'audio, donc le son, en l'associant au visuel, donc à une image afin de faciliter la compréhension des messages. L'image sera donc codée en fonction du message présenté.

Exemple, dans *Voix et images de France* : chaque partie de l'énoncé est représenté à l'image, de gauche à droite, ce qui est le sens de la lecture, dans l'ordre où il est prononcé. « Paul » est à gauche de l'image ; « viens voir », le geste est au centre ; « à la fenêtre » se trouve à droite.

---

3. AUSTIN, J.-L., *Quand dire c'est faire*, Seuil, Coll. Points Essais, 1991. Un ouvrage essentiel, qui a bouleversé la linguistique en introduisant la notion « d'actes de parole, d'actes de langage, d'actes de discours ». En effet, certains énoncés sont en eux-mêmes des actes. C'est la cas du « Je vous marie » du maire, qui marie effectivement en énonçant cette formule rituelle.

| | Méthode traditionnelle (grammaire-traduction) | Méthode directe | Méthode audio-orale |
|---|---|---|---|
| **Période** | Dès la fin du XVIe siècle, jusqu'au XXIe siècle. | De la fin du XIXe siècle jusqu'à nos jours. | 1950/1965 aux États-Unis. En France, 1965 à 1975. |
| **Objectif général** | Faciliter l'accès aux textes, le plus souvent littéraires. « Former » l'esprit des étudiants. | Apprendre à parler par une méthode active et globale. | Dans l'ordre suivant: comprendre, parler, lire et écrire (les 4 aptitudes). |
| **Public visé** | Débutants adolescents et adultes, scolaire ou général. | Débutants adolescents et adultes, scolaire ou général. | Débutants adolescents et adultes, scolaire ou général. |
| **Théories sous-jacentes** | Pas de théorie précise, plutôt une idéologie. | Empirisme et associationnisme: Jacotot, Gouin, Passy. | Linguistique structurale, behaviorisme: Bloomfield, Harris, Fries et Lado, Skinner. |
| **Statut de l'enseignant** | Détient le savoir, le transmet verticalement. | Détient le savoir mais anime, mime et parle. | Détient le savoir et le savoir-faire technique (magnétophone et laboratoire de langue) |
| **Statut des langues 1 et 2** | Perpétuel va-et-vient, par la traduction. | Uniquement la langue 2, à l'aide de gestes, dessins, mimiques, environnement. | Surtout langue 2. |
| **Place de l'oral et de l'écrit** | Essentiellement de l'écrit, éventuellement oralisé. | Priorité à l'oral, importance de la phonétique. | Priorité à l'oral. |
| **Place de la grammmaire** | Énoncé des règles, illustrations et traduction des exemples donnés. Vérification à l'aide d'exercices de versions et de thèmes. | Démarche inductive et implicite, d'après l'observation des formes et les comparaisons avec la langue 1. | Exercices structuraux, de substitution ou de transformation, après mémorisation de la structure modèle = fixation par l'automatisation et l'acquisition de réflexes. Pas d'analyse ni de réflexion. |
| **Richesse du lexique** | Celui des textes. | D'abord concret, et progressivement, abstrait. | Il est secondaire par rapport aux structures. |
| **Progression** | Fixe. | Fixe. | Graduée, pas à pas. |
| **Supports d'activité** | Textes littéraires et autres, grammaires, dictionnaires. | L'environnement concret puis progressivement des textes. | Dialogues pédagogisés et enregistrés. |
| **Exemples de manuels** | | | |

| Méthode structuro-globale audiovisuelle (SGAV) | Approche communicative | Approche fonctionnelle-notionnelle | Approche actionnelle |
|---|---|---|---|
| Début des années 1950. | Début des années 1970. | Début des années 1980. | 2001 : parution du *Cadre européen commun*. |
| Apprendre à parler et à communiquer dans les situations de la vie courante. | Apprendre à parler et à communiquer dans les situations de la vie courante. | Apprendre à faire et à communiquer dans les situations de la vie courante. | |
| Débutants adolescents et adultes, scolaire ou général. | Débutants adolescents et adultes, scolaire ou général. | Débutants adolescents et adultes, scolaire ou général. | Tous publics. |
| De la « langue » saussurienne à la « parole » : Brunot, Guberina, Rivenc, Gougenheim. | Linguistique pragmatique, psycho-pédagogie : Hymes, Austin et Searle. Psychologie cognitive. | Linguistique pragmatique ; l'analyse des besoins langagiers détermine les fonctions à travailler en L 2. | Canale et Swain, Bachman. |
| Technicien de la methodologie. | Animé, centré sur l'apprenant. | Anime, élabore des supports, centré sur l'apprenant. | Anime |
| Priorité à la langue 2. | Recours à la langue 1 selon l'objectif travaillé. | Langue 1 ou 2 selon l'objectif travaillé. | Langue 1 ou 2 selon l'objectif. |
| Priorité à la langue parlée. | Priorité à l'oral, passage à l'écrit très rapide. | Oral et / ou écrit selon l'objectif. | Priorité à l'oral chez les débutants |
| Grammaire inductive implicite avec des exercices de réemploi des strucures en situation, par transposition. | Conceptualisation de points de grammaire suivie de formulation du fonctionnement par l'apprenant et d'explications par l'enseignant. Systématisation des acquis. | Conceptualisation et systématisation, puis exploitations. | Conceptualisation, systématisation, au service de la communication. |
| Limité aux mots les plus courants (français fondamental 1 et 2). | Riche et varié, au gré des documents authentiques et des besoins langagiers. | Riche et varié, appliqué aux besoins langagiers spécifiques. | Riche et varié, correspond aux spécifications des référentiels. |
| Décidée à l'avance mais modifiable. | Non rigoureuse, selon les besoins des apprenants. | En fonction des besoins langagiers. | Sur six niveaux ( A1 à C2). |
| Dialogues présentant la parole étrangère en situation, accompagnés d'images. | Supports authentiques, et supports pédagogisés, écrits, oraux et visuels. Dialogues. | Supports authentiques, et supports pédagogisés, écrits, oraux et visuels. Dialogues. | Supports authentiques, supports pédagogisés, écrits oraux et visuels, ils sont au service de la réalisation de tâches langagières communicatives. |
| VIF 1958 DVV 1964 / 65 et 1972 | C'EST LE PRINTEMPS 1975 | ARCHIPEL 1982 / 1983 | Série des STUDIOS, 2001 à 2004. |

« Paul, viens voir à la fenêtre ? »

La leçon se déroule selon un schéma immuable :

— Présentation simultanée du dialogue et des images.
— Explication du lexique et des structures.
— Répétitions du dialogue en vue de sa mémorisation.
— Exploitation du lexique et des structures à l'aide de l'élaboration d'autres mini-dialogues.
— Fixation du lexique et des dialogues par des exercices structuraux.
— Réutilisation du lexique et des dialogues dans des productions guidées.

Les apprenants, comme autant d'automates, étaient très performants dans la réalisation des exercices structuraux, mais incapables de mobiliser ces automatismes lors de situations de communication. Cela était dû, d'une part, à la trop grande simplicité des dialogues et, d'autre part, à leur non-représentativité de la vie réelle.

### Le cas exemplaire de *De vive voix*

Ce manuel, qui a été créé pour être utilisé en méthode SGAV classique, a donné lieu à des expérimentations de la part de linguistes qui ont ouvert la voie à des approches plus vivantes.

Au lieu de respecter le schéma classique (présentation, explications, répétitions, etc.), ils ont commencé par présenter les images sans le son, et ont demandé aux apprenants d'imaginer le dialogue (dans une activité que l'on a appelée plus tard « la recherche d'énoncés »). Les résultats ont montré une telle richesse de production, un tel désir de produire des énoncés, soit plausibles au premier degré, soit ironiques et ludiques au second degré, que ces linguistes se sont détachés du SGAV et ont formalisé les bases de l'approche communicative.

## L'approche communicative

Ce sont incontestablement les travaux du Conseil de l'Europe (en particulier, à l'époque, sur les unités capitalisables et les actes de parole), ainsi que leurs publications (*Un niveau-seuil*[4]), qui ont fait avancer à pas de géant la méthodologie de l'enseignement des langues.

Guy Capelle pensait[5], en 1991, que les conditions étaient réunies et que la conjoncture était favorable à *un grand changement de cap* en didactique des langues.

C'était prévoir la suite des travaux de la division des politiques linguistiques du Conseil de l'Europe, qui ont abouti, en 2001, année européenne des langues, à la publication du *Cadre européen commun de référence pour les langues : apprendre, enseigner, évaluer* et à la réalisation des *Référentiels pour les langues*.

L'approche communicative a ouvert la voie à l'approche actionnelle (voir p. 64), en diffusant et vulgarisant les principes importants[6] qui suivent.

### ❯ La centration sur l'apprenant

L'apport de la psychologie cognitive à la didactique des langues est d'avoir fait prendre conscience que l'individu non seulement participe à son propre apprentissage, mais en est l'acteur principal. Il faut donc tenir compte de ses besoins afin de pouvoir lui donner les moyens nécessaires à son apprentissage.

Cet apprentissage est un processus actif, dont on ne connaît pas encore parfaitement le mécanisme, *qui se déroule à l'intérieur de l'individu et qui est susceptible d'être avant tout influencé par cet individu. Le résultat de l'apprentissage est moins le produit de ce qui a été présenté par l'enseignant ou le matériel didactique utilisé, que le produit conjoint de la nature des informations présentées et de la manière dont cette information a été traitée par l'apprenant lui-même*[7].

C'est dire aussi que l'apprentissage ne s'effectue pas uniquement à l'intérieur du cadre de la classe, et que l'enseignant doit tenir compte des connaissances ou des représentations antérieures de l'apprenant, même débutant.

Un enseignement communicatif privilégie les besoins linguistiques, communicatifs et culturels exprimés par l'apprenant. Se pose alors, pour certains apprenants, la difficulté de structurer et de maîtriser la masse d'informations linguistiques et culturelles reçues. C'est à l'enseignant de les systématiser, par des explications, des activités de réemploi et de structuration. D'autres apprenants apprécieront au contraire le rythme et l'efficacité d'un apprentissage qui est très exigeant mais ne leur fait pas perdre de temps. Leur motivation n'en sera que plus forte.

---

4. COSTE, D. et al., *Un Niveau-seuil*, Conseil de l'Europe / Hatier, 1976.
5. CAPELLE, G., « Changement de cap », in *Le français dans le monde*, n° 239, février-mars 1991, p. 47.
6. BERARD, E., *L'approche communicative, théories et pratiques*, coll. DLE, CLE International, Paris, 1991, p. 28 et suivantes.
7. GERMAIN, C., *op. cit.*, p. 205.

### ▶ L'enseignement de la compétence de communication

Une fois encore, c'est le rôle moteur des travaux du Conseil de l'Europe et de *Un niveau-seuil* qui est ici déterminant.

Les éléments constitutifs de la communication varient selon les théoriciens qui ont cherché à les définir. Ils s'accordent cependant sur quatre grandes composantes :

• **La composante linguistique** : elle comprend les quatre aptitudes linguistiques, ou capacités, de compréhension et d'expression orales et écrites, dont la maîtrise est régie par la connaissance des éléments lexicaux, des règles de morphologie, de syntaxe, de grammaire sémantique et de phonologie nécessaires pour pouvoir les pratiquer.

• **La composante sociolinguistique** : c'est d'elle qu'est née la notion de situation de communication. Claude Germain précise que *la forme linguistique doit être adaptée à la situation de communication*[8]. Pour pouvoir communiquer, il ne suffit pas de maîtriser la composante linguistique, il faut pouvoir mobiliser ses connaissances à bon escient, selon la situation de communication dans laquelle on se trouve. Enseigner à partir de situations de communication plausibles et culturellement liées au vécu quotidien de l'étranger dont on apprend la langue, c'est *permettre* [à l'apprenant] *d'utiliser les énoncés adéquats à une situation donnée*[9]. D'où les premières activités de classe qui portent sur la reconnaissance de la situation : le statut, le rôle, l'âge, le rang social, le sexe des personnes en présence, le lieu de l'échange, etc., à l'aide des questions : Qui parle ? À qui ? Où ? De quoi ? Comment ? Pourquoi ? Quand ?

• **La composante discursive ou énonciative** : elle répond au « Pourquoi » de la composante sociolinguistique. Elle traite de la traduction, en énoncés oraux ou écrits, de l'intention de communication qui anime un locuteur. L'intention correspond à un acte de parole, énoncé dans un certain type de discours : il peut s'agir d'obtenir des renseignements, de donner un ordre ou un conseil, de déclarer son ignorance, de donner des explications, de relater des faits...

• **La composante stratégique** : il s'agit de stratégies verbales et non verbales, utilisées par le locuteur pour compenser une maîtrise imparfaite de la langue ou pour donner plus d'efficacité à son discours. Se pose alors le problème des apprenants dont la réussite en compétence communicative est loin d'être égalée en compétence linguistique. Au tout début de l'approche communicative, les premières générations d'apprenants communiquaient facilement, de façon décontractée, mais dans un français très approximatif. Quelle est donc la place à accorder aux aspects formels de la langue (lexique, grammaire, phonétique),

8. GERMAIN, C., *op. cit.*, p. 203.
9. BERARD, E., *op. cit.*, p. 28.

par rapport aux aspects plus proprement communicatifs ? Le juste milieu réside sans aucun doute dans les séances de systématisation des acquis, de structuration des connaissances, de façon à transformer les apprentissages en véritables acquisitions.

### ▶ Les activités communicatives

Ce qui caractérise une activité communicative, selon Morrow[10] :

*— Elle transmet de l'information : cela se produit lorsqu'une personne pose une question à une autre (Par exemple « Comment t'appelles-tu ? ») et qu'elle ne connaît pas la réponse.*

*— Elle implique un choix de ce qui est dit et de la manière de le dire : dans un exercice structural traditionnel, le contenu et la forme linguistique sont prédéterminés de sorte que l'apprenant n'est pas libre de donner une réponse de son choix.*

*— Elle entraîne une rétroaction (un* feedback*) : c'est par la réaction de son interlocuteur qu'un locuteur peut déterminer si son but est atteint ou non.*

On trouvera plus loin un essai de typologie d'activités communicatives.

### ▶ L'introduction de documents authentiques

Dans une pédagogie centrée sur l'apprenant, il faut pouvoir aller au devant des demandes et introduire, hors manuel d'apprentissage, des éléments culturels issus du vécu quotidien des personnes dont on enseigne la langue.

La définition la plus courante du document « authentique », de quelque nature qu'il soit (écrit, oral, visuel ou audiovisuel), est qu'il s'agit d'un document qui n'a pas été conçu à des fins pédagogiques. Ce type de document ne devient pédagogique que par l'exploitation qu'en fait le pédagogue.

L'opposition document pédagogique/document authentique n'est pas nécessairement pertinente. Il est fréquent que le document « authentique », donc « non pédagogisé », soit le document pédagogique par excellence.

Les avantages qu'il représente, dès les premières heures de l'apprentissage, ne sont plus à démontrer :

• Le document authentique n'appartient pas au monde scolaire, sa nature est reconnue par les apprenants comme faisant partie du monde extra-scolaire, quotidien, du monde où l'on a, dans sa langue maternelle, vu, lu, entendu, écrit ou manipulé ce type de documents. Leur diversité n'a d'égale que la richesse du monde réel : affiches, brochures, prospectus, modes d'emplois, questionnaires administratifs, sondages, tracts, articles de presse, correspondances personnel-

---

10. MORROW, K., *Principles of communicative methodology*, in Johnson, K. et Morrow, K. (réd.), *Communication in the classroom*, Harlow, Logman, traduit par Claude Germain, op. cit. p. 211.

les ou professionnelles, chansons, films, journaux télévisés, programmes de cinéma, de théâtre, faits divers, factures, bulletins de salaires, etc. La liste est infinie. Le document authentique est ainsi un objet privilégié de comparaison des cultures.

• L'enseignant peut aisément s'en procurer, l'apprenant également. Ce dernier sera encouragé à en apporter en classe, développant ainsi des habitudes de recherche et de consultation personnelle et enrichissant ses connaissances des réalités socioculturelles de la langue étudiée.

• Le document authentique intervient dans l'organisation d'une progression parfois rigide en introduisant de façon naturelle du lexique et des structures non encore étudiés. Le matériel linguistique qu'on y trouve est par essence imprévisible, la progression de l'apprentissage conseillée dans les manuels filtre et dose ce matériel linguistique. Cependant, si l'on pose comme postulat que chaque individu apprend selon ses propres modalités d'acquisition, le corollaire sera qu'une seule et unique progression pour toute une classe est un système trop contraignant.

• La multiplicité des exploitations pédagogiques qui peuvent être faites à partir des documents authentiques (compréhension globale, puis compréhension détaillée, fine et analytique, repérage d'une même occurrence, approfondissement d'une structure, enrichissement du lexique, évaluation, etc.), permet de passer de la notion de progression à celle de « progrès ». Robert Galisson propose de les appeler « matériaux sociaux » par opposition aux « matériaux scolaires »[11].

• Il permet enfin de favoriser le développement des interactions dans la classe de langue, même s'il ne suffit pas à lui seul à mettre en œuvre une pédagogie de « l'authenticité » qui, elle, implique l'authenticité des interactions verbales.

### ▶ Le rôle de l'enseignant

Si elle n'exclut pas la rigueur, l'approche communicative n'est guère compatible avec une attitude uniquement directive.

L'enseignant qui pratique une communication de personne à personne avec l'apprenant crée une relation pédagogique authentique. L'enseignant débutant pourra penser qu'il s'agit d'une question de dosage, entre une relation de type autoritaire (« l'enseignant-robinet » face à l'élève « réceptacle »), qui est censée forcer le respect, et une attitude permissive, dont on pense qu'elle attire la sympathie. Il n'en est rien. L'attitude de l'enseignant est certes fonction de sa personnalité, mais elle est en réalité dictée par le type de méthodologie qu'il a choisi d'appliquer.

11. GALISSON, R., *D'hier à aujourd'hui, la didactique des langues étrangères*, CLE International, Paris, 1980.

Les activités communicatives font appel aux capacités d'analyse et de réflexion. Le travail en petits groupes, par les échanges qu'il suscite, favorise cette réflexion. L'enseignant y participe, dans son rôle de facilitateur, d'animateur, de guide vers la découverte.

### ▶ Le rôle de l'apprenant : le contrat d'apprentissage

L'authenticité dans la relation pédagogique relève d'une démarche qui s'élabore dès les premiers contacts entre enseignant et apprenants, que ces derniers soient ou non débutants.

Ce que l'on appelle le contrat d'apprentissage est le premier instrument de communication véritable entre le praticien de la langue étrangère et chacun des individus du groupe classe.

Le terme « contrat » renvoie à l'idée de deux partenaires liés par un engagement qui a fait l'objet d'une négociation et qui, au final, a été pleinement accepté par les deux parties. Le second terme précise ce sur quoi va porter la négociation : l'apprentissage.

Ce contrat, ou ces règles du jeu, est élaboré pour montrer que dès le départ, l'apprentissage se fait à deux, sur un plan de quasi-égalité. Chacun des deux acteurs va s'engager et devra respecter ses engagements.

### À quoi s'engage l'enseignant ?

• Il explique, en langue maternelle et si possible à l'aide de la grille de niveaux du Conseil de l'Europe (reproduite pp. 66-67), en quoi consiste la maîtrise d'une langue étrangère. Dans le cas d'un public scolaire (captif), il montre, sur la grille, où devraient logiquement se trouver ses élèves, et à quel endroit de la grille il s'engage à les mener, notamment dans une perspective d'examen. Dans le cas d'un public non captif, il demande à chacun de se situer sur la grille, pour chacune des capacités langagières. Cela amène à une première prise de conscience du chemin déjà parcouru et de qui reste à faire, avec l'aide de l'enseignant.

• Il précise les modalités de travail (individuelles, en tandems, en petits groupes, en grand groupe) qui seront pratiquées en fonction des objectifs (initiaux, intermédiaires et finaux) à faire acquérir.

• Il présente ces objectifs de façon à ce que les apprenants aient une idée claire de ce qu'ils seront capables de faire à l'issue du cours.

• Si un manuel précis est utilisé, l'enseignant explique en quoi cet ouvrage répond aux objectifs et décrit la façon dont il compte l'utiliser.

• Il présente la variété des supports (dans le manuel et hors manuel) qui seront utilisés en classe (sonores, visuels et audiovisuels), pour que la langue enseignée s'inscrive dans la réalité socioculturelle qui est celle de ses locuteurs natifs et incite les apprenants à commencer leur collecte.

• Il présente, si possible, le Portfolio européen des langues qui correspond à la classe d'âge de ses apprenants et en explique l'utilité.

• Il parle ensuite de la façon dont il envisage son rôle d'enseignant : celui qui est là pour aider à comprendre (un facilitateur), qui corrige et explique (un guide), qui anime les activités de groupes (un animateur).

• Il développe rapidement les procédés qui seront mis en œuvre pour évaluer les acquis, en séparant clairement le domaine du contrôle (institutionnel) de celui de la prise d'information (auto-évaluation, évaluation formative). Il annonce que les critères d'évaluation pourront être discutés.

• Il fait comprendre que dans ce type d'apprentissage, beaucoup d'éléments sont négociables (modalités de travail, critères d'évaluation, etc.) et que ces négociations se feront au cours de pauses-discussions, qui seront organisées soit à fréquence déterminée, soit à la demande.

### À quoi s'engagent les apprenants ?

• À saisir toutes les occasions de communiquer et de pratiquer la langue cible en situation, en classe (avec les co-apprenants et l'enseignant), en dehors de la classe avec des natifs.

• À saisir toutes les occasions d'être en contact avec la langue cible : en feuilletant des revues, en regardant des films en version originale, sous-titrés ou non, en recherchant des informations sur le pays de la langue cible.

• À communiquer activement en faisant partager leurs connaissances aux autres apprenants.

• À participer à une relation d'aide dans les sous-groupes de travail.

• À prendre le risque de faire des erreurs en cherchant à exprimer leur véritable intention de communication et à faire fonctionner ainsi leur interlangue.

• À ne pas hésiter à indiquer un besoin d'approfondissement.

• À compléter leur Portfolio européen des langues au cours de séances programmées ou non.

• À apprendre à estimer leurs acquis et à demander à être évalués.

• À accepter d'être corrigés par leurs pairs et de les corriger.

• À chercher à savoir comment fonctionne la langue cible et à comparer ce fonctionnement avec leur langue maternelle.

Cette liste n'est pas exhaustive.

Sollicités par l'enseignant, les apprenants s'exprimeront sur la démarche de contrat. On leur demandera ensuite de se prononcer sur les engagements qu'ils se sentent prêts à prendre, quitte à y revenir quelque temps plus tard, lorsque l'expérience d'enseignement et d'apprentissage communicatif aura débuté.

### ▶ Le traitement de la grammaire

L'approche communicative fait une large place à la grammaire explicite, contrairement aux méthodologies SGAV qui préconisaient une grammaire implicite inductive.

L'approche communicative sollicite considérablement les capacités cognitives supérieures : observation, réflexion, analyse ayant comme objet des phénomènes linguistiques sélectionnés et présentés dans un corpus. Ces démarches permettent à l'apprenant de formuler ses découvertes, sinon du fonctionnement de la langue, du moins du fonctionnement du corpus qui lui a été présenté. Cette activité est dite de conceptualisation grammaticale. La conceptualisation est en elle-même une activité communicative puisqu'elle fait produire des énoncés en langue cible dans une situation authentique de classe : la situation de recherche active. Pour être efficace, elle est suivie d'exercices de systématisation.

La grammaire communicative s'intéresse également à la grammaire en situation : grammaire de l'oral, de l'écrit, grammaire textuelle, grammaire situationnelle.

### ▶ Le traitement des erreurs

Faire produire des énoncés dans des situations de communication revient à faire produire des erreurs. *L'erreur*, dit André Lamy[12], *est le tremplin vers l'expression juste.*

L'erreur n'est que la manifestation de l'interlangue, c'est-à-dire la maîtrise provisoire de la langue cible en train de se construire. L'erreur fait donc partie intégrante de cette langue intermédiaire, entre les balbutiements du début de l'apprentissage et l'état de relative maîtrise final. C'est par ses erreurs que l'apprenant progresse, en testant ses hypothèses de fonctionnement du nouveau système qu'il est en train de se créer.

On se gardera donc d'interrompre un apprenant, qui, dans une activité de simulation de communication, fait des erreurs. En revanche, on fera fréquemment des pauses-grammaire, des conceptualisations, des activités de systématisation et de réemploi, soit à partir des erreurs relevées, soit à partir de structures nouvelles. Ici encore, tout est question de dosage.

### ▶ L'introduction d'un lexique riche et varié

*A la limite, avec une bonne connaissance du lexique, une personne finit toujours par se débrouiller en langue cible.* (Claude Germain[13])

Que penser de cette affirmation ?

---

12. LAMY, A., *La pédagogie de la faute*, CIEP/BELC, 1981.
13. GERMAIN, C., *op. cit.*, p. 215.

Le problème de l'acquisition du vocabulaire dans une approche communicative est difficile à résoudre dans la mesure où les documents authentiques introduisent de façon non contrôlée une masse de termes inédits dont le réemploi est aléatoire ou lointain.

L'apprenant quant à lui sollicite sans cesse l'enseignant pour obtenir de lui les termes dont il a besoin pour s'exprimer.

Outre les activités lexicales proposées plus loin, il est toujours utile et non déshonorant de faire constituer le lexique progressif de la classe, en replaçant les mots nouveaux dans le contexte où ils sont apparus.

### ▶ L'emploi de la langue 1

Si l'apprenant se sent sécurisé par des confirmations, en langue 1 de ce qu'il a subodoré du fonctionnement de la langue 2, il serait dommage de l'en priver. Le recours à la traduction systématique n'est, en revanche, d'aucune utilité.

Le temps est loin où les directives interdisaient le recours à la langue maternelle. Question de dosage...

### ▶ La notion de progression[14]

*Toute démarche didactique, toute procédure rationalisée et économique d'enseignement aboutissant à la mise au point d'un modèle ou d'un itinéraire d'apprentissage implique des décisions relatives :*
*– au choix des éléments à enseigner ou à privilégier dans l'enseignement ;*
*– à la mise en ordre de ces éléments suivant la stratégie qui semble la mieux adaptée aux buts recherchés (facilité, rapidité, consolidation de l'apprentissage, etc.).*

*Ce dernier type de décisions détermine ce qui, dans un manuel, une méthode, ou simplement une pratique pédagogique suivie, est appelé « progression »[15].*

Il ne peut exister de progression « universelle », que l'on pourrait donner comme modèle à l'enseignement des langues, comme par exemple enseigner les éléments de la langue en allant du plus simple au plus complexe.

Cependant, la parution du *Cadre européen commun* et des référentiels qui l'accompagnent permettent d'aborder l'enseignement des langues par niveaux de compétences, en en connaissant les contenus.

Les référentiels pour le français transposent les compétences de communication générale en spécifiant et répertoriant, de façon quasi exhaustive, les éléments présents dans chaque niveau de compétence (de A1 à C2), et qui permettent de maîtriser ces niveaux.

---

14. BORG, S., *La notion de progression*, Didier, coll. Studio, didactique, 2001
15. GALISSON, R., COSTE, D., *op. cit.*

Sont ainsi spécifiées :

1. les situations de communication ;

2. les formes discursives ;

3. les fonctions du langage et leur réalisation linguistique (structures utilisées et exemples d'énoncés). La liste des fonctions est figée. On retrouve exactement la même dans tous les référentiels. Elle comprend 113 fonctions, dont la réalisation langagière se fera différemment, à l'aide du degré de maîtrise des structures et du lexique dont dispose l'apprenant à chaque niveau de son apprentissage ;

4. les notions générales et les formes linguistiques correspondantes ;

5. la grammaire (morphologie et structures) ;

6. les notions spécifiques classées et hiérarchisées en catégories et sous-catégories, à l'intérieur desquelles et à travers lesquelles s'organise le lexique qui s'y rapporte. Le classement adopté, sémantico-référentiel à plusieurs étages, permet à la fois de regrouper thématiquement et sémantiquement les notions et les unités lexicales. Pour le niveau A1, le lexique comporte environ 800 mots.

On y trouve également des inventaires de la matière sonore, de la dimension socioculturelle, des compétences transversales.

Les programmes de langues et les progressions qui y sont associées devront désormais en tenir compte.

L'approche communicative préconisait une analyse des besoins langagiers des apprenants, mais sans donner clairement à l'enseignant les indications qui lui auraient permis de la réaliser et d'en tenir véritablement compte. Le changement notable, dans ce domaine, par rapport aux méthodes précédentes, est la souplesse de progression lexicale et grammaticale. Ces deux éléments sont désormais au service de la communication. Si un apprenant, dans un énoncé oral, cherche à exprimer quelque chose qui appartient au passé, on lui donnera, dès le début de l'apprentissage, les moyens de le faire, de façon à ce qu'il puisse réaliser ce qu'il avait l'intention de dire. Les nouveaux outils lexicaux et grammaticaux sont ainsi introduits, presque au fur et à mesure des besoins. Cela ne signifie pas que ces outils sont considérés comme acquis, car il faudra ensuite les systématiser, mais souvenons-nous qu'il fallait autrefois plus d'un an de cours à l'apprenant (à raison de trois heures par semaine) avant de pouvoir s'exprimer au passé. Dans le manuel *C'est le printemps*, l'imparfait est introduit après une quarantaine d'heures de cours.

## L'approche fonctionnelle/notionnelle

L'approche fonctionnelle/notionnelle insiste sur la recherche des besoins langagiers. Elle les analyse avant le début de l'apprentissage, de façon à proposer un enseignement ciblé sur ces besoins. Le titre du premier manuel de ce type, *Archipel*, l'indique sans ambiguïté : un archipel est un ensemble de petites îles dans lesquelles on peut naviguer à loisir, selon ses désirs ou ses besoins. L'introduction précise : *Nous n'avons pas voulu faire le choix à la place de l'apprenant. En considérant qu'il est adulte et donc responsable de son apprentissage, nous avons tenté de fournir les différents moyens pédagogiques qui permettent à des tempéraments psychologiques et cognitifs différents de construire leur compétence*[16].

En cela, *Archipel* se rapproche beaucoup des manuels utilisés en français sur objectifs spécifiques.

## L'approche actionnelle

Depuis la publication du *Niveau-seuil*, on cherche à enseigner aux individus à être autonomes dans leur pratique de la langue, car c'est cette autonomie qui doit leur permettre de lier des relations avec les personnes dont ils apprennent la langue. Echanger des informations, donner son opinion, raconter ses expériences, convaincre, argumenter, nuancer sa pensée, autant d'actes de parole qui permettent de mieux comprendre les modes de vie, les cultures et les mentalités des autres peuples.

Le *Cadre européen commun de référence* a adopté les recherches des linguistes Canale et Swain (1981)[17] ainsi que celles de Bachman (1990)[18], et propose un modèle dit « actionnel », peu éloigné de l'approche dite « communicative », mais encore plus ciblé sur les actions langagières que l'apprenant peut faire en langue cible.

L'approche communicative mettait l'accent sur la communication entre les personnes et plaçait l'apprenant au centre du processus d'apprentissage, le rendant actif, autonome et responsable de ses progrès.

L'approche actionnelle, reprenant tous les concepts de l'approche communicative, y ajoute l'idée de « tâche » à accomplir dans les multiples contextes auxquels un apprenant va être confronté dans la vie sociale. Elle considère donc l'apprenant comme un « acteur social » qui sait mobiliser l'ensemble de ses compétences et de ses ressources (stratégiques, cognitives, verbales et non verbales) pour parvenir au résultat qu'il escompte : la réussite de la communication langagière.

---

16. COURTILLON, J., *Introduction à la méthode* Archipel, Hatier, Paris, 1982.
17. CANALE et SWAIN : c'est à ces deux linguistes que l'on doit la description la plus connue de la compétence communicative, qui, selon eux, recouvre quatre composantes : grammaticale, sociolinguistique, discursive et stratégique, cette dernière étant transversale aux premières.
18. BACHMAN s'est inspiré des travaux de Canale et Swain. Il postule que la compétence langagière recouvre le savoir (linguistique) et la capacité à le mettre en œuvre de façon appropriée (le savoir-faire).

### ▶ La notion de « niveaux de compétence »

Le premier de ces niveaux a été défini en 1975 pour l'apprentissage de l'anglais par le professeur John Trim. Il s'agissait du *Threshold level*[19], le niveau-seuil.

Selon la définition de John Trim, l'apprenant qui maîtrise ce niveau est *capable de se débrouiller en voyage dans le pays de la langue cible, dans toutes les situations de la vie quotidienne et, surtout, de lier des relations avec autrui, en échangeant des informations et des idées.*

Cependant, le « seuil » ainsi défini s'est avéré être d'un niveau assez élevé et méritait qu'on se penche sur les apprentissages antérieurs nécessaires à son acquisition.

Un niveau inférieur (*Waystage level* : A2), puis un niveau supérieur (*Vantage level* : B2) ont été réalisés pour répondre à la demande des organismes de formation et des enseignants.

Le niveau de compétences pour les débutants (*Breaktrough* : A1) a alors été réalisé, toujours pour l'anglais. Il offre l'avantage de proposer un objectif réaliste d'apprentissage pouvant être effectué lors d'une formation courte (entre 60 et 100 heures selon la langue maternelle). Il permet, en offrant une évaluation, voire une certification, de motiver et de fidéliser les apprenants.

Les deux niveaux supérieurs concernent une maîtrise efficace de la langue, qui permet une communication aisée et spontanée : « efficiency/autonomie : C1 » et « *mastery*/maîtrise : C2 ».

**Les niveaux C et surtout le niveau C2 ne doivent en aucun cas être considérés comme étant ceux des locuteurs natifs.**

Selon la définition de Brian North[20], *le niveau C2 peut être atteint par tout étudiant ayant brillamment réussi son apprentissage de la langue.* Il constitue ainsi le niveau maximal que peuvent se fixer les organismes de formation et les concepteurs de certifications.

Les institutions qui souhaiteraient évaluer un niveau professionnel encore plus élevé (par exemple les écoles d'interprétation-traduction) peuvent développer des cursus de formation sur compétences partielles (médiation à un haut niveau, interprétation simultanée, etc.) ou des certifications de niveau supérieur à C2, en considérant ce niveau C2 comme un pré-requis.

La grille d'auto-évaluation du Conseil de l'Europe, reproduite ci-après, décrit en termes de capacité ce que les apprenants sont capables de faire pour chacune des capacités langagières, dans chacun des niveaux.

---

19. VAN ECK et TRIM J.L.M., *Threshold level*, Cambridge university press (CUP), 1976.
20. NORTH, B., *The development of a common referent scale of language proficiency*, Peter Lang, New York, 2000.

# Grille pour l'auto-évaluation (© Conseil de l'Europe, 1999)

| | | A1 | A2 | B1 |
|---|---|---|---|---|
| **COMPRENDRE** | Écouter | Je peux comprendre des mots familiers et des expressions très courantes au sujet de moi-même, de ma famille et de l'environnement concret et immédiat, si les gens parlent lentement et distinctement. | Je peux comprendre des expressions et un vocabulaire très fréquent relatifs à ce qui me concerne de très près (par ex. moi-même, ma famille, les achats, l'environnement proche, le travail). Je peux saisir l'essentiel d'annonces et de messages simples et clairs. | Je peux comprendre les points essentiels quand un langage clair et standard est utilisé et s'il s'agit de sujets familiers concernant le travail, l'école, les loisirs, etc. Je peux comprendre l'essentiel de nombreuses émissions de radio ou de télévision sur l'actualité ou sur des sujets qui m'intéressent à titre personnel ou professionnel si l'on parle d'une façon relativement lente et distincte. |
| | Lire | Je peux comprendre des noms familiers, des mots ainsi que des phrases très simples, par exemple dans des annonces, des affiches ou des catalogues. | Je peux lire des textes courts très simples. Je peux trouver une information particulière prévisible dans des documents courants comme les petites publicités, les prospectus, les menus et les horaires et je peux comprendre des lettres personnelles courtes et simples. | Je peux comprendre des textes rédigés essentiellement dans une langue courante ou relative à mon travail. Je peux comprendre la description d'événements, l'expression de sentiments et de souhaits dans des lettres personnelles. |
| **PARLER** | Prendre part à une conversation | Je peux communiquer, de façon simple, à condition que l'interlocuteur soit disposé à répéter ou à reformuler ses phrases plus lentement et à m'aider à formuler ce que j'essaie de dire. Je peux poser des questions simples sur des sujets familiers ou sur ce dont j'ai immédiatement besoin, ainsi que répondre à de telles questions. | Je peux communiquer lors de tâches simples et habituelles ne demandant qu'un échange d'informations simples et directes sur des sujets et des activités familiers. Je peux avoir des échanges très brefs même si, en règle générale, je ne comprends pas assez pour poursuivre une conversation. | Je peux faire face à la majorité des situations que l'on peut rencontrer au cours d'un voyage dans une région où la langue est parlée. Je peux prendre part sans préparation à une conversation sur des sujets familiers ou d'intérêt personnel ou qui concernent la vie quotidienne (par exemple famille, loisirs, travail, voyage et actualité). |
| | S'exprimer oralement en continu | Je peux utiliser des expressions et des phrases simples pour décrire mon lieu d'habitation et les gens que je connais. | Je peux utiliser une série de phrases ou d'expressions pour décrire en termes simples ma famille et d'autres gens, mes conditions de vie, ma formation et mon activité professionnelle actuelle ou récente. | Je peux articuler des expressions de manière simple afin de raconter des expériences et des événements, mes rêves, mes espoirs ou mes buts. Je peux brièvement donner les raisons et explications de mes opinions ou projets. Je peux raconter une histoire ou l'intrigue d'un livre ou d'un film et exprimer mes réactions. |
| **ÉCRIRE** | Écrire | Je peux écrire une courte carte postale simple, par exemple de vacances. Je peux porter des détails personnels dans un questionnaire, inscrire par exemple mon nom, ma nationalité et mon adresse sur une fiche d'hôtel. | Je peux écrire des notes et messages simples et courts. Je peux écrire une lettre personnelle très simple, par exemple de remerciements. | Je peux écrire un texte simple et cohérent sur des sujets familiers ou qui m'intéressent personnellement. Je peux écrire des lettres personnelles pour décrire expériences et impressions. |

| B2 | C1 | C2 |
|---|---|---|
| Je peux comprendre des conférences et des discours assez longs et même suivre une argumentation complexe si le sujet m'en est relativement familier. Je peux comprendre la plupart des émissions de télévision sur l'actualité et les informations. Je peux comprendre la plupart des films en langue standard. | Je peux comprendre un long discours même s'il n'est pas clairement structuré et que les articulations sont seulement implicites. Je peux comprendre les émissions de télévision et les films sans trop d'effort. | Je n'ai aucune difficulté à comprendre le langage oral, que ce soit dans les conditions du direct ou dans les médias et quand on parle vite, à condition d'avoir du temps pour me familiariser avec un accent particulier. |
| Je peux lire des articles et des rapports sur des questions contemporaines dans lesquels les auteurs adoptent une attitude particulière ou un certain point de vue. Je peux comprendre un texte littéraire contemporain en prose. | Je peux comprendre des textes factuels ou littéraires longs et complexes et en apprécier les différences de style. Je peux comprendre des articles spécialisés et de longues instructions techniques même lorsqu'ils ne sont pas en relation avec mon domaine. | Je peux lire sans effort tout type de texte, même abstrait ou complexe quant au fond ou à la forme, par exemple un manuel, un article spécialisé ou une œuvre littéraire. |
| Je peux communiquer avec un degré de spontanéité et d'aisance qui rende possible une interaction normale avec un locuteur natif. Je peux participer activement à une conversation dans des situations familières, présenter et défendre mes opinions. | Je peux m'exprimer spontanément et couramment sans trop apparemment devoir chercher mes mots. Je peux utiliser la langue de manière souple et efficace pour des relations sociales ou professionnelles. Je peux exprimer mes idées et opinions avec précision et lier mes interventions à celles de mes interlocuteurs. | Je peux participer sans effort à toute conversation ou discussion et je suis aussi très à l'aise avec les expressions idiomatiques et les tournures courantes. Je peux m'exprimer couramment et exprimer avec précision de fines nuances de sens. En cas de difficulté, je peux faire marche arrière pour y remédier avec assez d'habileté et pour qu'elle passe presque inaperçue. |
| Je peux m'exprimer de façon claire et détaillée sur une grande gamme de sujets relatifs à mes centres d'intérêt. Je peux développer un point de vue sur un sujet d'actualité et expliquer les avantages et les inconvénients de différentes possibilités. | Je peux présenter des descriptions claires et détaillées de sujets complexes, en intégrant des thèmes qui leur sont liés, en développant certains points et en terminant mon intervention de façon appropriée. | Je peux présenter une description ou une argumentation claire et fluide dans un style adapté au contexte, construire une présentation de façon logique et aider mon auditeur à remarquer et à se rappeler les points importants. |
| Je peux écrire des textes clairs et détaillés sur une grande gamme de sujets relatifs à mes intérêts. Je peux écrire un essai ou un rapport en transmettant une information ou en exposant des raisons pour ou contre une opinion donnée. Je peux écrire des lettres qui mettent en valeur le sens que j'attribue personnellement aux événements et aux expériences. | Je peux m'exprimer dans un texte clair et bien structuré et développer mon point de vue. Je peux écrire sur des sujets complexes dans une lettre, un essai ou un rapport, en soulignant les points que je juge importants. Je peux adopter un style adapté au destinataire. | Je peux écrire un texte clair, fluide et stylistiquement adapté aux circonstances. Je peux rédiger des lettres, rapports ou articles complexes, avec une construction claire permettant au lecteur d'en saisir et de mémoriser les points importants. Je peux résumer et critiquer par écrit un ouvrage professionnel ou une œuvre littéraire. |

### ▶ La notion de « tâche langagière »[21]

On enseigne un savoir-agir en société, privilégiant l'accomplissement d'actions (de tâches langagières) en langue cible.

Dans la vie quotidienne, on effectue tous les jours de nombreuses tâches, grandes ou petites, dans tous les domaines. On passe un coup de téléphone à un ami pour prendre de ses nouvelles, raconter le film qu'on a vu la veille, l'inviter à dîner… (domaine personnel). On prend les transports en commun, on achète son billet, on va faire des démarches administratives dans une mairie, une poste, une banque, une préfecture… (domaine public). On se rend à son travail, on participe à une réunion pour faire le point sur l'état d'avancement d'une action, on rédige une note, un mémo, un cahier des charges pour un nouveau projet… (domaine professionnel). On prend rendez-vous avec un secrétariat d'université, on va suivre un cours de langue, on rend visite au professeur de l'un de ses enfants, on discute en famille de la poursuite des études de l'un ou de l'autre… (domaine éducationnel).

Toutes ces tâches quotidiennes demandent de recourir au langage, oral ou écrit. On s'en acquitte sans y penser lorsque c'est dans sa propre langue, mais cela peut poser problème dès qu'il s'agit de les accomplir dans un pays étranger, dans une langue étrangère.

Dans la pratique, en classe, une approche actionnelle sera basée sur des tâches que l'on demandera à l'apprenant de réaliser et que l'on pourra ensuite évaluer, en fonction de critères définis.

Dans le *Cadre commun*, chacun des six niveaux de compétence est défini en fonction de l'étendue et de la qualité des actes de communication que peut accomplir l'apprenant. Le niveau de compétence d'un apprenant sera ainsi défini en fonction du plus ou moins grand nombre de tâches qu'il réalise de façon linguistiquement et pragmatiquement correcte. Plus ce nombre sera grand, plus le niveau de compétence sera élevé.

Le *Cadre*[22] distingue différentes catégories de tâches selon :

— les domaines dans lesquels elles se trouvent (privé, public, éducationnel, professionnel) ;

— leur nature (langagière, créative, récréative, communicationnelle, d'apprentissage, de résolution de problèmes) ;

— leur complexité (de la plus simple à la plus complexe) ;

— le traitement de textes oraux ou écrits qui lui sont associés (explications orales ou modes d'emploi, consignes…) ;

21. Voir à ce sujet TAGLIANTE, Ch. *L'évaluation et le Cadre européen commun*, CLE International, Paris, 2005.
22. *Cadre commun*, pp. 19, 46, 113, 121-127.

– les stratégies qui doivent être mises en œuvre pour l'effectuer (exécution de la tâche, évitement, report, redéfinition, appel à l'aide…) ;

– leur type (tâches pédagogiques simulant la vie réelle : jeu de rôle, simulation, interactions diverses ; tâches métacognitives : échanges au sujet de la tâche à effectuer ; tâches d'évaluation : discussions sur les critères, par exemple sur le succès de l'exécution de la tâche – la réalisation de l'intention communicative –, mais aussi sur la performance linguistique, négociation entre le fond et la forme, entre l'aisance et la correction) ;

– les activités langagières qu'elles requièrent (production, réception, interaction, médiation, interprétation) ;

– l'évaluation qui leur est associée (sous forme de contrôle ou d'évaluation formative accompagnée de critères).

## Les approches non conventionnelles

Voir tableau pages 70-71.

Qualifiées de marginales ou de non conventionnelles, certaines approches didactiques[23] ont vu le jour dans les années 1975-1985. Elles font partie de ce que l'on appelle les approches psychologiques, centrées soit sur des conditions particulières de l'apprentissage, soit sur les processus cognitifs.

Leur impact sur les autres approches n'est que peu sensible, mais les enseignants qui auront assisté à ce type de cours sauront sans doute en tirer des idées et peut-être des pratiques.

# LES AIDES PÉDAGOGIQUES

L'attrait et la facilité d'usage des matériels pédagogiques mis à disposition des enseignants peuvent accroître la motivation et accélérer le processus d'apprentissage.

## Les manuels et les outils complémentaires

Les manuels (souvent appelés à tort « méthodes ») sont des recueils de documents et d'activités de classe qui suivent une progression et se réclament d'une méthodologie donnée. Le choix d'un manuel n'est pas aisé car il doit répondre à la fois aux besoins de l'institution et de l'apprenant ainsi qu'aux critères de l'enseignant.

_____

23. Analysées par Claude Germain, *op. cit.*, pp. 221 à 297.

# Les approches non conventionelles (analyse de Cl. Germain)

| DENOMINATION | PRIORITES |
|---|---|
| **Méthode communautaire**<br>**1971** | – à la compréhension orale<br>– à la production orale<br>– aux échanges entre apprenants<br>– au développement de la pensée créatrice<br>– au développement de l'autonomie |
| **Méthode par le silence**<br>**(*Silent way*)**<br>**1963** | – à l'oral mais en développant les quatre capacités langagières<br>– à la correction de la prononciation et de la prosodie<br>– à la maîtrise de la grammaire<br>– au développement de l'expression des pensées, des perceptions et des sensations<br>– au développement de l'autonomie |
| **Méthode naturelle**<br>**(*Natural approach*)**<br>**1977** | – à la compréhension orale et écrite : la « parole » viendra ensuite, « naturellement » |
| **Méthode par le mouvement**<br>**(*Total physical response*)**<br>**1965** | – à la compréhension orale d'ordres ou de commandements<br>– à l'activité motrice<br>– à la production orale lorsque les apprenants se sentent prêts<br>– à la compréhension écrite des formes apprises à l'oral<br>– enfin, à la production écrite |
| **Méthode suggestopédique**<br>**1965** | – à une connaissance pratique de la langue<br>– à la communication orale puis au développement des autres capacités langagières<br>– à un environnement agréable avec des plantes et des sièges confortables<br>– à la musique classique, écoutée les yeux fermés pendant que l'enseignant lit un texte |
| **Méthode axée sur la compréhension**<br>**1975** | – à la compréhension de l'oral, puis de l'écrit, avec un délai à respecter avant la production |

| IDEES DE BASE | THEORICIENS |
|---|---|
| – transformer les craintes de l'apprenant en « énergie positive »<br>– l'enseignant est un conseiller, presque un thérapeute<br>– la confiance mutuelle est valorisée<br>– pas de matériel préétabli, mais une transcription des énoncés que les apprenants produisent | Charles CURRAN.<br>Courant humaniste inspiré de Carl ROGERS. |
| – l'apprenant est responsable de ses productions<br>– l'enseignant est autant que possible silencieux, c'est le technicien de la langue<br>– pas de programme préétabli<br>– recours à des bâtonnets de couleur correspondant à des sons et à des tableaux de correspondances sons-lettres | Caleb GATTEGNO.<br>Inspiré de Georges CUISENAIRE. |
| – absence d'enseignement de la grammaire<br>– pas de recours à la langue 1<br>– référence à la façon dont les enfants acquièrent la langue maternelle<br>– images, matériel visuel, enregistrements d'émissions de radio et télévision<br>– développement de l'autonomie | Tracy TERRELL et Stephen KRASHEN |
| – les structures sont enseignées au moyens de gestes mimant des impératifs<br>– importance de la mémoire visuelle et de la répétition des gestes<br>– pas de correction des erreurs linguistiques au début de l'apprentissage<br>– pas de manuel mais des objets et des images authentiques | James ASHER, influencé par KRASHEN et la pédagogie humaniste. |
| – apprentissage « 25 fois » plus rapide grâce à l'absence de stress et à la libération de la crainte de l'échec<br>– affichage de tableaux grammaticaux pour faciliter l'apprentissage par imprégnation<br>– pratique presque exclusive du « je » simulé<br>– matériel pédagogique élaboré : dialogues et textes choisis | Georgi LOZANOV (Bulgarie) |
| – utilisation de la langue cible pour la gestion de la classe<br>– matériel didactique choisi en fonction des besoins exprimés pour l'écoute de la lecture | Harris WINITZ et James REED, influencés par ASHER et KRASHEN |

En approche communicative ou actionnelle, le manuel devrait :

– présenter une progression rigoureuse réellement liée au *Cadre européen commun de référence* ainsi qu'aux *Référentiels de langues* ;

– proposer des activités qui permettent de réaliser des tâches langagières communicatives ;

– favoriser des échanges entre apprenants ;

– équilibrer les activités communicatives et les systématisations de points linguistiques ;

– prévoir des activités de systématisation ;

– proposer des documents authentiques variés et représentatifs de la réalité socioculturelle des locuteurs de la langue cible ;

– présenter cette réalité socioculturelle en permettant des comparaisons interculturelles ;

– proposer des fiches d'auto-estimation et des évaluations de deux types : sommative et formative,...

Il est rare qu'un seul manuel satisfasse totalement l'enseignant qui rêve d'une banque informatique riche et variée qui lui permettrait d'imprimer, à la demande, des documents authentiques actualisés, des exercices de systématisation adaptés aux problèmes rencontrés, des exercices de correction phonétique, bref, de pouvoir préparer un cours de façon idéale.

C'est pourquoi les éditeurs proposent du matériel complémentaire dans tous les domaines nécessaires : cahiers d'exercices, activités de classe, jeux, recueils de documents classés selon différents thèmes, etc.

Il s'agit d'ensembles pédagogiques légers, encore trop peu souvent de matériel photocopiable, généralement classés par aptitudes langagières (compréhension et expression écrite et orale).

Les enseignants internautes trouveront en fin d'ouvrage une sitographie sélective dont les liens sont inépuisables.

## Les supports techniques

### ▶ Le tableau, noir ou blanc

Qu'il utilise des craies ou des feutres, l'enseignant ne peut pas imaginer la classe sans écrire ou dessiner. La formation initiale s'en préoccupe peu, considérant qu'il n'y a pas lieu de former les futurs enseignants à cette activité. Or, ce qui est écrit au tableau a souvent une valeur absolue : c'est ce que les apprenants doivent mémoriser, c'est pourquoi ils se précipitent pour noter, avec des fantaisies grammaticales ou lexicales, ce qui est écrit blanc sur noir.

Il est donc souhaitable de ménager des pauses-recopiage, de structurer les cahiers de notes, d'avoir l'œil sur la fidélité de ce que les apprenants recopient.

Recopier n'est pas fixer, il faut donc revenir sur ce qui a été noté, par des activités de systématisation et de fixation.

### ▶ Le magnétophone

Le magnétophone permet de faire écouter et comprendre la prononciation de natifs, ainsi que les différents accents régionaux, locaux ou étrangers que produisent les locuteurs de la langue cible. Ces écoutes de documents authentiques ou pédagogisés font appréhender les réalités socioculturelles.

Comment faisait-on avant qu'il existe ?

L'enseignant ne doit pas oublier que le magnétophone a deux fonctions : l'écoute et l'enregistrement. Faute de temps, il n'enregistre que très peu, voire jamais, ses élèves.

Or, les enregistrements des productions orales permettent l'exploitation en différé des erreurs de type linguistique ou communicatif. Ils sont également utiles pour mener à bien une correction phonétique.

Par ailleurs, dans leur quête de documents authentiques, les apprenants peuvent utilement enregistrer eux-mêmes :
– des locuteurs natifs dans le cadre d'une enquête sur un thème défini en classe ;
– des bruits divers qui animeront des productions de récits ;
– des lectures, des montages de textes ;
– des chansons, des émissions…

### ▶ Le magnétoscope

Il permet l'exploitation de documents vidéo ou d'enregistrements, pour non seulement les faire entendre mais également les donner à voir. L'enseignant peut enregistrer puis faire visionner toutes sortes d'extraits présentant des réalités socioculturelles qui se prêtent à la comparaison ou analyser des situations de communication représentatives de faits culturels. Le premier de tous les exemples est la situation de salutation/présentation : comment salue-t-on dans le pays des locuteurs de la langue cible, est-ce de la même façon que dans le pays des apprenants, quelles sont les différences ?

Lorsqu'on apprend une langue étrangère, il faut pouvoir se représenter les locuteurs dans leur environnement, observer leur comportement verbal et non verbal. Les gestes varient d'une communauté à l'autre, ils sont culturels, de même que les postures, la proxémie, l'habillement, l'habitat, etc.

Quelques techniques d'exploitation des documents vidéo sont présentées plus loin : utilisation de la bande image sans le son, de la bande son sans l'image, des deux bandes réunies.

### ◗ Le caméscope, le téléviseur et l'appareil photo numérique

Ils permettent de faire produire par les apprenants des documents vidéo sur des objectifs spécifiques ou suivant un projet commun défini en classe : travail sur la langue de communication entre élèves, exploitation des productions linguistiques, analyse des attitudes.

### ◗ Le rétroprojecteur

Bien connu des formateurs, il n'est que peu utilisé en classe de langue.

Il présente pourtant des possibilités intéressantes :

– *acquisition de la structuration* : au cours d'un travail de groupe, après avoir fait désigner le rapporteur, on lui demande de reporter les résultats des travaux du groupe sur un transparent puis de le présenter au groupe classe au rétroprojecteur. L'exploitation qui en sera faite mettra l'accent sur la structuration du rapport. Présence ou absence de plan, mise en valeur de certains points, alinéas et paragraphes éventuels seront ainsi mis en valeur ;

– *gain de temps appréciable* : les apprenants ne rédigent qu'une seule fois, directement sur le transparent, ils peuvent compléter ou modifier leurs productions lors de la présentation ;

– *dynamisme et motivation* : il est valorisant pour l'apprenant de maîtriser une technique qui jouissait jusqu'alors d'une connotation strictement professionnelle ;

– *acquisition d'un savoir*-faire interdisciplinaire : la maîtrise de cette technique de présentation incitera les apprenants à vouloir l'utiliser dans d'autres disciplines pour présenter et illustrer leurs exposés (histoire, géographie, biologie...).

### ◗ Le vidéoprojecteur

Il est réservé aux présentations, aux exposés en classe (diaporamas), mais il se prête peu à l'interactivité. Son coût encore élevé ne permet pas à tous les enseignants de pouvoir en disposer.

### ◗ L'ordinateur

En classe pour ceux qui ont la chance de pouvoir en disposer, ou au centre de documentation, il se prête à des activités multiples, en réseau ou non et peut à ce titre être intégré dans le processus d'apprentissage. L'utilisation d'un clavier et d'une souris au lieu d'un papier et d'un crayon est un facteur de motivation, par la découverte et la maîtrise d'une technique, et par l'attractivité du traitement de texte, qui permet d'utiliser des outils généralement absents de la classe de langue : la correction orthographique, la consultation d'un dictionnaire des synonymes, l'insertion de mots, la recherche, la mise en page automatique, etc. Sans traiter de l'utilisation de didacticiels, on peut relever les activités suivantes, qui peuvent être réalisées individuellement ou préparées en petits groupes :

*– rédiger des courriels* : la rapidité de l'échange de correspondances entre classes est facilitée ;

*– rédiger des articles* : une fois bien mis en page, ils peuvent être envoyés tels quels au journal de l'école ;

*– rédiger le journal de la classe* ;

*– élaborer des récits* : individuels ou en petits groupes ;

*– reconnaître les différents types de textes* : par la différenciation des textes produits, narratifs, explicatifs, descriptifs, poétiques, etc. ;

*– faire des recherches sur Internet* ;

*– organiser un projet pédagogique*…

## Les intervenants extérieurs ou les assistants de langues

Ils sont paradoxalement beaucoup plus faciles à rencontrer en province que dans les capitales et l'étranger de passage ou résidant se prête souvent volontiers aux sollicitations de l'enseignant. Sa venue dans la classe de langue est pour les apprenants l'occasion de pratiquer leurs acquis avec le plus réel des « documents authentiques ». Ces visites ne s'improvisent pas, elles se préparent en expliquant ce que l'on sait de l'invité en question, en préparant un canevas d'interviews. De même, il faudra exploiter cette visite par l'analyse des interactions qui ont eu lieu et celle de leur contenu.

Deuxième partie

# Démarches méthodologiques et fiches d'activités de classe

# La leçon zéro en fle

Lorsqu'on apprend une nouvelle langue, les premières heures de cours peuvent être déterminantes pour la suite de l'apprentissage. Ce sont celles d'où l'on sortira soit découragé, soit enthousiaste. Ce sont pendant ces premières heures que s'établira le type de relation qui prévaudra entre l'enseignant et les apprenants.

Les manuels de langues proposent pratiquement tous des « leçons zéro » qui permettent en langue 1, de se familiariser de façon peu scolaire, voire ludique, avec la langue 2.

L'objectif des activités de la leçon zéro que nous présentons ici est triple :
– pour les débutants : se connaître, former le groupe et permettre l'expression des représentations que chacun a de la langue cible et de ses locuteurs ;
– pour les non-débutants : se connaître, former le groupe, prendre connaissance des modalités de travail ;
– pour tous : négocier le contrat d'apprentissage.

## POUR LES DÉBUTANTS

• Une mise en commun et une discussion au sujet des représentations que chaque membre du groupe a du pays dont il va apprendre la langue, des habitants, des modes de vie, des aspects socioculturels, des habitudes alimentaires, des caractères des locuteurs, etc.

• Un bain linguistique oral : à l'aide d'un enregistrement comportant des énoncés plus ou moins longs en différentes langues étrangères, il s'agit de faire reconnaître la langue cible et de faire expliquer pourquoi. Cela permet d'élucider comment et pourquoi le français est reconnaissable ; de quelle façon on peut caractériser ses sonorités (« c'est doux » ou, au contraire « c'est gutural », « c'est chantant »). On peut également faire dire si les personnes qui parlent sont des hommes, des femmes, des enfants et familiariser ainsi à une première approche de la découverte de la compréhension globale.

• Un bain linguistique à l'écrit : en présentant des documents publicitaires ou des modes d'emploi en différentes langues. La démarche est similaire à la précédente. Il s'agit ici de faire dire pourquoi on a reconnu ou non la langue française et de faire préciser les raisons : on a identifié l'alphabet latin par rapport aux alphabets (cyrillique ou autre) et aux idéogrammes présentés ; on a reconnu certains mots, qui sont transparents avec ceux de la langue maternelle. On familiarise ainsi à une première approche des techniques de lecture globale (typographie, images, mise en page, etc.).

# POUR LES NON-DÉBUTANTS

• Souder le groupe en organisant des présentations de façon ludique.

• Une mise en commun et une discussion au sujet des représentations que chaque membre du groupe a du pays dont il va apprendre la langue, des habitants, des modes de vie, des aspects socioculturels, des habitudes alimentaires, des caractères des locuteurs, etc.

Pour tous, on trouvera des idées d'activités dans les ouvrages répertoriés en section « créativité » de la bibliographie.

# Chapitre 4

# L'oral, les activités de production orale en monologue et en interaction

## LES ÉLÉMENTS CONSTITUTIFS DE L'EXPRESSION ORALE : ÊTES-VOUS UN BON ORATEUR ?

Une façon de sensibiliser les apprenants à ce qu'est l'expression orale est de leur demander ce qu'ils pensent d'eux-mêmes, en tant qu'orateur, lorsqu'ils s'expriment dans leur langue maternelle. Les stratégies qu'ils mettent alors à l'œuvre, sans y prêter attention, peuvent être appliquées à la langue cible.

Avant de proposer le questionnaire suivant, faites répondre aux questions :
– Quelle note, sur 20 points, vous attribuez-vous lorsque vous devez vous exprimer en langue maternelle ?
– Quelle note pensez-vous que les autres vous donnent ?

|  | Toujours | Rarement | Jamais |
|---|---|---|---|
| Vous avez le trac si vous devez prendre la parole en public |  |  |  |
| Vous parlez volontiers, même de sujets que vous ne dominez pas |  |  |  |
| Si on vous demande à brûle-pourpoint de réagir à ce qui vient d'être dit, vous ne trouvez pas d'arguments |  |  |  |
| Vous avez « l'esprit d'escalier » |  |  |  |
| Vous avez le sens de la repartie |  |  |  |
| Vous aimez donner votre point de vue |  |  |  |
| Vous allez toujours au bout de ce que vous voulez dire car vos arguments sont clairs dans votre tête |  |  |  |
| Il vous arrive de perdre le fil de votre pensée |  |  |  |
| Vous vous laissez couper la parole |  |  |  |
| Vous coupez la parole |  |  |  |
| Vous préférez vous taire plutôt que de dire ce que vous pensez |  |  |  |

De la discussion qui suivra, on fera dégager les éléments qui entrent en jeu dans l'expression orale et ceux qui permettent de s'améliorer pour devenir « un bon orateur ». Maîtriser cette compétence, c'est être conscient des éléments suivants[1] :

• Le fond est caractérisé par :
– les idées, les informations que l'on donne, l'argumentation que l'on choisit, les opinions et les sentiments exprimés ;
– les illustrations orales, les exemples qui accompagnent les idées ou les informations ;
– la structuration des idées ;
– le langage, la correction linguistique, l'articulation, l'intonation.

• La forme, c'est :
– l'attitude générale, les gestes, les sourires ;
– la voix, son volume, son débit ;
– les regards, les pauses significatives, les silences voulus.

| Ce qu'il faut maîtriser | |
|---|---|
| **Le fond** | **La forme** |
| Les idées<br>Avoir un objectif clair de ce que l'on va dire et exprimer des idées autant que possible originales ou intéressantes.<br>Adapter le contenu au destinataire du message selon son âge, son statut social, son rôle. | L'attitude, les gestes<br>On se fera mieux comprendre en étant décontracté et détendu, en ayant un visage ouvert, souriant et expressif, en illustrant ce que l'on dit avec des gestes naturellement adaptés. |
| La structuration<br>Les idées s'enchaînent de façon logique, les transitions sont bien choisies. On précise tout d'abord ce dont on va parler et on illustre ses idées à l'aide d'exemples concrets, de notes d'humour, de métaphores bien choisies. On termine de façon brève et claire. | La voix<br>Le volume est adapté à la distance qui sépare des interlocuteurs. En langue cible, l'articulation et le débit sont soignés, l'intonation est expressive et significative. |
| Le langage<br>Dans une communication courante, l'important est de faire comprendre ce que l'on a réellement l'intention de dire, plutôt que de produire, au détriment de la communication, des énoncés neutres mais linguistiquement corrects. Un mot qui manque peut être demandé à l'interlocuteur, qui s'en sentira valorisé. | Le regard, les silences<br>C'est par le regard que l'on capte son auditoire et que l'on vérifie si on a été compris. Le regard établit et maintient le contact. Les pauses et les silences doivent être significatifs du cheminement de la réflexion. |

---

1. Voir à ce sujet BOURRON, Y., DENNEVILLE, J., *Se voir en vidéo. Pédagogie de l'autoscopie.* Les Éditions d'Organisation, Paris,

Prononcer ses premiers mots dans une langue étrangère est à la fois très satisfaisant et déroutant. L'apprenant va tout d'abord s'essayer à répéter des sons auxquels il associe une signification assez confuse et dont il espère qu'ils traduisent ce qu'il a l'intention de dire.

Il ne peut encore, dans la chaîne sonore, distinguer clairement où commencent et se terminent les mots qui composent son énoncé. Quelque temps plus tard, ayant mémorisé des mots, il tentera de les reproduire de mémoire. Encore un peu plus tard, il associera la phonie à la graphie, très surpris de constater qu'en français, on ne prononce pas tout ce qui est écrit. Il commencera alors à repérer l'organisation des phrases, et lorsqu'il lui sera demandé de produire des énoncés dont le sens devra correspondre à une situation donnée, il tentera de construire ses propres phrases.

Au tout début, on axera les activités sur la pratique du « je » simulé et du « je » authentique dans des situations simples. L'expression du « je » véritable viendra ensuite, dans les interactions à l'intérieur de la classe et dans des situations qui supposent une implication personnelle.

C'est ainsi que peu à peu se développera un ensemble de savoirs et de savoir-faire linguistiques (au niveau du lexique, des structures et de la correction phonétique), socioculturels (au niveau des registres de langue), discursifs (au niveau des types de discours produits, de l'articulation des phrases et de l'organisation des idées) et stratégiques, qui, réunis, formeront la compétence de communication.

# TYPOLOGIE NON EXHAUSTIVE D'ACTIVITÉS D'EXPRESSION ORALE

## Résolution d'une tâche langagière : demander une information au téléphone

Certains d'entre nous se sentent bloqués lorsqu'il s'agit de demander, en langue maternelle, une information au téléphone et préfèrent se déplacer pour obtenir cette information en face à face.

En langue cible, la difficulté est triple : surmonter l'appréhension ou l'aversion du téléphone, s'exprimer suffisamment correctement pour être compris et comprendre l'information donnée.

# Fiche 1

## Être capable de demander une information au téléphone

# Niveau A2

Cette fiche se propose de donner à l'enseignant un outil de travail réutilisable pour d'autres activités.

Sous la forme d'une grille appelée *table de spécification*, on montrera comment prendre à la fois en compte les spécificités de la conversation téléphonique et les contenus linguistiques qui s'y rapportent.

Pour construire la table de spécification de n'importe quelle capacité langagière, il faut tout d'abord rechercher les savoir-faire en se posant la question : « Pour être capable de faire ceci ou cela, que faut-il savoir faire ? »

Dans le cas de la demande d'information au téléphone, la question qui donnera des réponses en termes de savoir-faire est donc :

**Que faut-il savoir faire pour demander une information au téléphone ?**

**Les savoir-faire** sont en général les suivants :
– rechercher un numéro de téléphone dans l'annuaire ou sur Internet ;
– utiliser un téléphone ;
– maîtriser le code téléphonique ;
– prendre contact en se présentant ;
– poser ses questions ;
– demander des explications ;
– remercier ;
– prendre congé à la fin de la conversation ;
– etc.

Il faut également éventuellement savoir :
– préparer ses questions à l'avance, par écrit ;
– prendre note des réponses données ;
– reformuler ses notes après avoir raccroché pour pouvoir les transmettre, à l'oral ou à l'écrit.

**Quels sont les contenus linguistiques qui permettent de faire acquérir ces savoir-faire ?**

Afin d'organiser les activités qui permettent de cette acquisition, on recherchera, parmi les éléments suivants, ceux qui interviennent dans les savoir-faire relevés précédemment :

• *les éléments linguistiques et grammaticaux* : lexicaux ; morphosyntaxiques ; phonétiques et phonologiques.

• *les éléments socioculturels* : la reconnaissance des statuts sociaux ; la connaissance de contenus civilisationnels et culturels.

• *les éléments discursifs* : contenus thématiques ; types de discours ; la cohésion (organisation des phrases) ; la cohérence (organisation des idées).

• *les éléments stratégiques et méthodologiques* : les stratégies verbales et non verbales ; les moyens et techniques d'expression et de compréhension.

Appliquons ce classement à l'un des savoir-faire relevés : **savoir prendre contact et prendre congé au téléphone.**

**Les éléments linguistiques** nécessaires à la réalisation de ce savoir-faire sont les suivants : acquisition et maîtrise du lexique spécifique au code téléphonique (en France, on dit « Allô ? ») ; maîtrise de la fonction phatique du langage, qui va permettre de garder le contact avec l'interlocuteur invisible : « Hum, hum, oui, oui, bon, d'accord », ainsi que du lexique courant de la prise de contact et des présentations : « Bonjour, je suis bien chez Monsieur X ? Madame Y à l'appareil... ».

**Les éléments socioculturels** sont importants. En Espagne par exemple, il est rare que votre interlocuteur dise « Bonjour » au téléphone, il passe directement au sujet de son appel. En France, il est choquant de ne pas le faire. Le code social doit donc être connu sous peine d'indisposer son interlocuteur. De même, la reconnaissance des statuts sociaux impliquera des registres de langue différents. On ne dira pas « Ah salut ! » si votre interlocuteur se présente en disant « Ici Madame Z, directrice commerciale, je vous écoute. »

**Les éléments discursifs** à faire acquérir concernent le présentatif, le descriptif, incluant cohésion et organisation logique de la demande d'information.

**Les éléments stratégiques** sont importants. Même au téléphone, votre interlocuteur va sentir vos hésitations, votre disponibilité et votre sourire. On choisira donc de faire travailler une technique de présentation qui va rapidement à l'essentiel, qui est liée au statut de l'interlocuteur et au type d'information que l'on recherche.

La table de spécification présentée ci-après regroupe l'ensemble de ces éléments. L'axe des abscisses répertorie les savoir-faire qui mènent à la maîtrise de la compétence. L'axe des ordonnées précise les contenus linguistiques, socioculturels, discursifs et stratégiques. Les cases centrales spécifient les éléments constitutifs de la compétence à faire acquérir.

L'enseignant a ainsi, sous les yeux, l'ensemble des contenus d'apprentissage qui vont lui permettre d'atteindre son objectif : faire réaliser de façon correcte à tous les points de vue la tâche langagière qu'il a proposée aux apprenants.

## Table de spécification

| CONTENUS / CAPACITÉS | LINGUISTIQUE | | | SOCIOCULTUREL |
|---|---|---|---|---|
| | Lexique | Morphosyntaxe | Phonologie | Interactions sociales et aspects culturels |
| **Maîtriser le code téléphonique** | Lexique spécifique, phatique | Phrases courtes | Respect des règles phonologiques et prosodiques | Respect des codes sociaux, des registres de langue |
| **Prendre contact et prendre congé** | Lexique courant des salutations | Phrases simples à complexes, conditionnel de politesse | Idem | Idem |
| **Demander une information** | Les mots interrogatifs, les chevilles du langage | Interrogation directe, cause, but, hypothèse | Idem | Passer la parole, adapter son discours à la situation |
| | La reformulation | Interrogation, comparaisons, conditionnel | Idem | Prendre la parole, couper la parole |

## Table de spécification

| DISCURSIF | | | STRATÉGIQUE | METHODO-LOGIQUE |
|---|---|---|---|---|
| Discours | Cohésion | Cohérence | Verbal et non-verbal | Moyens et techniques |
| Garder le contact | | | Mimiques, même au téléphone ! | Utiliser un annuaire, faire une recherche sur Internet. Lecture repérage |
| Présentatif et explicatif simple | Logique | Organiser la présentation de sa demande | *Idem* | Choisir une technique de présentation |
| Explicatif et argumentatif | Enchaînement des phrases | Enchaînement des idées | Utiliser un métalangage | Utiliser ses notes, structurer sa demande |
| Explicatif | Reformuler, passer au style indirect | Enchaîner ses idées | Dire que l'on n'a pas compris, demander de répéter | Prendre des notes rapides, en utilisant des codes et des symboles. Rester calme |

Il ne lui reste plus qu'à décider sous quelle forme et à l'aide de quels types d'activités il va faire travailler ces contenus. Nous proposons des exemples d'activités dans les pages suivantes.

## Propositions d'activités

### ▶ Discrimination auditive

Un son non discriminé (non perçu) ne peut pas être reproduit correctement. Des exercices de discrimination auditive sont proposés plus loin.

### ▶ Repérage d'erreurs de registres de langue

*Objectif :* faire prendre conscience des erreurs afin d'éviter de les reproduire.

*Consigne :* écoutez attentivement les micro-conversations suivantes. Vous ne les entendrez qu'une seule fois. Dans un premier temps vous direz, en mettant une croix dans la bonne case, si le registre de langue vous semble correct. Dans un second temps, vous indiquerez l'erreur, expliquerez les raisons, et proposerez une formulation correcte.

*Modalités de travail :* écoute collective.

| | Correct | Incorrect |
|---|---|---|
| – Salut Madame ! Pouvez-vous me passer Monsieur le secrétaire général ? | | ✗ |
| – Bonjour Madame, j'aimerais parler à Madame Blansec s'il te plaît. | | ✗ |
| – Allô ? Je suis bien chez le docteur Martin ? J'aimerais prendre rendez-vous pour la semaine prochaine s'il vous plaît. | ✗ | |
| – Allô ? Je suis bien chez le docteur Martin ? J'aimerais prendre rendez-s'il vous plaît. C'est très urgent, je suis vachement pressé. | | ✗ |
| – Allô ? C'est toi Daniel ? Ça va ? Passe-moi ta mère s'il te plaît. Au revoir. | ✗ | |
| – Allô ? Passez-moi Daniel. | | ✗ |
| – Allô ? Bonjour, pourrais-je parler à Daniel s'il vous plaît ? | ✗ | |

### ▶ Recherche d'un numéro de téléphone dans l'annuaire

*Objectif :* pratiquer la recherche alphabétique.

*Consigne :* votre patron vous demande de lui trouver d'urgence cinq numéros de téléphone dont voici la liste. Recherchez les noms et notez le numéro trouvé ainsi que le numéro de la page.

*Modalités de travail :* on ne dispose jamais d'annuaires téléphoniques en grand nombre ! On fera donc faire cette activité individuellement, pendant les temps morts des activités de groupes.

#### ▶ Micro-conversations

*Objectif :* faire acquérir et pratiquer le lexique courant des salutations ainsi que le conditionnel de politesse dans des micro-conversations simples de demandes de renseignements.

*Consigne :* préparez, en quelques minutes, une micro-conversation sur le canevas suivant :
– une phrase de présentation ;
– une réponse de l'interlocuteur ;
– une question portant sur l'information recherchée ;
– une question de l'interlocuteur sur les raisons pour lesquelles vous voulez cette information ;
– une phrase pour expliquer les raisons ;
– une phrase de réponse ;
– une phrase de remerciements et de prise de congé ;
– la phrase finale de l'interlocuteur.

Répartissez-vous les rôles et venez présenter votre micro-conversation sans vous aider de vos notes.

*Modalités de travail :* en tandem (groupes de deux). On placera les apprenants dos à dos, assis sur des chaises afin que, comme dans une véritable conversation téléphonique, ils ne se voient pas.

#### ▶ Conceptualisation grammaticale (démarche décrite plus loin p. 158)

*Objectif :* faire découvrir ou resurgir les règles du questionnement direct.

*Consigne :* examinez le corpus distribué, entourez les phrases où une question directe est posée et proposez une règle de fonctionnement de ce questionnement.

*Modalités de travail :* en petits groupes, en temps limité, avec désignation d'un rapporteur. L'enseignant aura au préalable constitué un corpus de phrases (les titres de journaux se prêtent bien à la constitution de corpus) interrogatives de toutes sortes (questionnement direct et indirect).

#### ▶ Appels simulés

*Objectif :* faire pratiquer la demande d'information.

*Consigne :* pour le demandeur de renseignements : Vous venez d'arriver dans une ville inconnue. Vous êtes à la gare et vous désirez rendre visite à un ami qui est à l'hôpital. Vous appelez l'hôpital pour qu'on vous indique le chemin à partir de la gare et vous notez les informations données. Vous tracez ensuite le chemin sur votre plan.

Pour le donneur de renseignements : Vous êtes standardiste à l'hôpital. Vous indiquerez le chemin à suivre pour y venir, en partant de la gare.

*Modalités de travail :* en tandem. Les appels simulés peuvent reprendre les thèmes des micro-conversations précédentes. L'un des deux apprenants devra détenir l'information réelle. Les deux disposeront d'un plan de la ville.

### ▶ Prise de notes

Des activités de prise de notes à partir de documents audio sont présentées plus loin (p. 118).

### ▶ Reformulation

*Objectif :* vérifier que les informations données ont été bien comprises.

*Consigne :* Commencez une conversation sur le thème choisi (différents thèmes peuvent être proposés). L'un d'entre vous donne son avis. L'autre, avant de donner son propre avis, reformule l'avis du premier. Ainsi de suite pendant quelques répliques.

*Modalités de travail :* en tandems. Distribuer auparavant une liste d'éléments nécessaires à la reformulation. Tous doivent être réutilisés :
– J'ai bien compris...
– Alors selon vous...
– Donc à votre avis...
– Si je ne me trompe pas, vous avez dit que...
– En fait, d'après vous...

### ▶ Compréhension de conversations enregistrées

Des activités de compréhension de document audio sont présentées plus loin.

## Recherche d'énoncés d'après un support image : le « je » simulé

Cette pratique permet à l'apprenant de ne pas s'impliquer personnellement dans ses productions tout en réemployant des structures et du lexique connus.

L'activité consiste à faire produire des énoncés comme étant ceux que pourraient plausiblement produire des personnages en train de communiquer, représentés sur une image fixe.

Les manuels de langue abordent pratiquement tous l'acte de « se présenter » dès les premières leçons. Les illustrations de cet acte proposent des situations de communication diverses, au cours desquelles des personnes sont en train de faire connaissance (dans le train, lors d'un cocktail, pendant une réunion de travail, à table, etc.).

On demandera d'abord à l'apprenant de définir la situation (voir fiche 2), puis de produire, à la place du personnage, les énoncés possibles, dans le respect de la situation de communication.

Cette activité, devenue classique, peut être suivie d'une variante, qui consiste à montrer à l'apprenant, sans le son, des extraits de films grand public, connus ou non des apprenants, où deux acteurs se trouvent dans une situation de présentation, et à demander de produire des énoncés cohérents. Certains films font partie du patrimoine culturel des locuteurs de la langue cible. D'autres, qui ont été diffusés dans le monde entier et qui ont connu un succès important, appartiennent affectivement à tous ceux qui se les sont appropriés, quelle que soit leur langue maternelle. Ces films représentent une classe d'âge ou un groupe social en quelque sorte international. En dehors de leur rôle de déclencheur de productions orales, les images animées ont une fonction ethnographique et culturelle indéniable. Le fait de visualiser les attitudes, les comportements, les habitudes vestimentaires, les décors et les bruits de la vie quotidienne dans le pays de la langue cible permet une première approche du travail sur l'interculturel.

L'enseignant pourra se constituer sa propre banque d'extraits de films, en fonction des actes de parole qu'il souhaite faire travailler (se présenter, refuser, se disputer, convaincre, etc.).

# Fiche 2     Le « je » simulé dans la recherche d'énoncés

# Niveau A1

*Objectifs :*
- réemploi de lexique et de structures connues ;
- production de structures nouvelles copiées sur les structures connues (fonctionnement de l'interlangue) ;
- acquisition de nouveau lexique et de nouvelles structures, fournis à la demande par l'enseignant.

*Consigne :* Regardez l'image et dites :
- qui sont ces personnes ?
- se connaissent-elles ?
- pourquoi sont-elles ensemble ?
- que dit l'homme ?
- que disent les enfants ?

## Production d'énoncés en situation de classe : le « je » authentique

Les situations de classe permettent une communication authentique. On entend souvent dire que les situations de classe ne sont pas authentiques car la classe est un vase clos, coupé du monde réel. La communication y sera certes différente de celles que l'apprenant vivra à l'extérieur de la classe, dans le pays de la langue cible, mais la situation de classe est néanmoins authentique car elle permet des échanges, des interactions dont la teneur peut être réutilisable à l'extérieur.

Lors d'une conceptualisation grammaticale ou de tout autre travail en tandem ou en petits groupe, lorsqu'il utilise la langue cible pour s'exprimer, l'apprenant engage alors personnellement sa parole pour décrire, expliquer, donner son avis. Il parle en son nom propre, pour convaincre, demander un renseignement, proposer une solution, toutes choses qu'il ferait au cours de situations extra-scolaires. L'utilisation du « je » authentique ne peut dès lors être niée.

## Production d'énoncés dans un jeu de rôles : le « je » simulé

En approche communicative ou actionnelle, la majorité des activités de production impliquent la réalisation d'énoncés qui correspondent à une intention de communication, soit simulée, soit authentique, nécessaire à l'accomplissement de la tâche langagière proposée. Ces énoncés seront produits à la première personne « je » : soit en simulation (« je » fais semblant d'être un autre), soit de façon authentique (« je » parle en mon nom propre).

Dans le jeu de rôles, c'est le « je » simulé qui est produit.

Le jeu de rôles est une activité de production d'énoncés, dans une situation particulière, définie à l'avance et qui comporte un élément problématique. Les rôles des participants seront précisés dès le départ.

Le jeu de rôles se prépare en petit groupe ou collectivement et se déroule en quatre temps : l'enseignant vérifie que chacun a bien compris la situation de départ, les apprenants se répartissent les rôles et préparent sommairement leurs interventions. Le jeu est présenté au groupe classe. À l'issue du jeu, le groupe classe évalue les performances au cours d'une discussion guidée ou non par l'enseignant.

*Nous appelons jeux de rôles l'animation par deux ou trois étudiants de scènes ou de personnages plus spontanés, plus fantaisistes, éventuellement plus caricaturaux que dans les simulations proprement dites, sans canevas ni scénario prédéterminé, sans documentation ni préparation particulières autres que le cours de langue lui-même, sans consignes autres que l'indispensable nécessaire pour le point de départ ; en voici quelques exemples au hasard :*

*– Mme X téléphone à un responsable du programme de télévision pour se plain-dre qu'on ne présente pas assez d'émissions sur les chats ;*
*– Barnabé demande une augmentation à son patron ;*
*– un garçon explique à ses parents pourquoi il ne veut plus continuer ses études...[1].*

## Production d'énoncés dans une simulation : le « je » authentique

*Nous appelons simulation, dans la perspective de la classe de langue, la repro-duction simulée, fictive et jouée, d'échanges interpersonnels organisée autour d'une situation problème : cas à étudier, problème à résoudre, décision à prendre, projet à discuter, conflit à arbitrer, litige, dispute, débat, situation de conseil.*

*La simulation obéit à un canevas relativement précis et réglé à l'avance, même si les participants doivent y faire preuve d'initiative et si la ou les solutions appor-tées au problème dépendent d'eux[2].*

La technique de la simulation a permis de développer ce que l'on appelle les **simulations globales**, méthodes d'apprentissage à part entière, qui dévelop-pent la compétence communicative de l'apprenant par la créativité et la réali-sation de tâches langagières et non langagières.

Jean-Marc Caré et Francis Debyser proposent depuis les années 1980 une approche didactique cohérente autour de la notion de projet collectif[3].

*La simulation globale est un support méthodologique qui peut être intégré à plusieurs types d'enseignement et associé à d'autres matériels didactiques.*

En fait, certaines simulations globales ont été expérimentées avec succès en tant qu'unique matériel didactique, pour des débutants ou des non-débutants, enfants, adolescents ou adultes, en français langue étrangère générale ou langue de spécialité. Pendant plusieurs semaines, des groupes d'apprenants ont ainsi vécu, avec leur enseignant, une expérience d'apprentissage *entre réel et imagi-naire, dans une tentative de reconstruction d'une partie du monde, d'un pan entier de réalité, dans un microcosme choisi, un univers de petite taille, bien délimité.*

Dans une île, un village, un immeuble, un hôtel, un congrès, les apprenants se sont forgé de nouvelles personnalités, ont choisi des noms d'emprunt, des traits de caractère, des professions, ils se sont inventé un passé pour se faire reconnaître dans le présent de la classe. Ils ont imaginé des lieux, les ont peuplés d'habitants, d'animaux et de plantes. Ils ont eu des conflits et ont appris à les résoudre. Ils se sont téléphoné, se sont écrit. Ils sont tombés malades, se sont

1. CARE, J.-M., DEBYSER, F. *Jeu, langage et créativité. Les jeux dans la classe de français*. Hachette-Larousse, 1978, p. 66.
2. Id.
3. CARE, J.-M., DEBYSER, F. *Simulations globales*, CreaCom/BELC, 1984.

soignés, bref, ils ont vécu ce que l'on peut vivre ou rêver de vivre. *Ils ont été les metteurs en scène et les acteurs de leur vécu.* Et tout cela en langue étrangère.

Ils ont donc appris et maîtrisé de nouvelles structures, un lexique riche et varié, et les ont utilisées en situation de communication. L'enseignant quant à lui, a géré :
– la progression ;
– l'introduction des nouveaux outils ;
– le matériel didactique (fiches d'activités, fiches documentaires, fiches grammaticales) ;
– les pauses de systématisation ;
– les pauses de négociation ;
– les corrections ;
– l'évaluation.

| | |
|---|---|
| Pour public de 8 à 10 ans. Activités d'interprétation, de créativité, d'inventions. Nombreux documents authentiques | Le cirque |
| 66 activités où alternent la recherche d'idées, la créativité collective et individuelle, les jeux de rôles, les productions écrites. | L'immeuble |
| Techniques de créativité sous contraintes. Place les apprenants en situation de survie, exige qu'ils s'organisent et créent de nouveaux rapports sociaux. | L'île |
| Mêmes techniques | L'hôtel |
| Mêmes techniques | Le village |
| Pour des apprenants en français sur objectifs spécifiques. | Le congrès médical |

# Fiche 3   Le « je » simulé dans des simulations globales

# Niveau A2/B1

> Que dit ce « je » qui n'est pas moi ?
> Qui est ce « moi » qui dit « je » ?

Dans les simulations globales, les apprenants choisissent, pendant quelques heures ou quelques jours, d'être quelqu'un d'autre. Ils doivent donc inventer cette personne qui n'existe pas encore, en lui donnant une identité (sexe, date et lieu de naissance, nom patronymique, prénom, etc.) et une personnalité.

Les activités suivantes sont inspirées des techniques utilisées lors des bilans de compétences[4].

• Le Q-Sort

On distribue une série de cartons comportant des traits de caractère ou des phrases descriptives de comportements. L'apprenant doit les classer en piles différentes, selon qu'il considère que ces énoncés décrivent très bien assez bien, ou pas du tout, le personnage qu'il est en train de créer pour les besoins de la simulation. Il justifiera à l'oral les raisons pour lesquelles il a gardé ou éliminé certains traits de caractère.

• L'histoire de vie

L'apprenant relate, de manière libre, sans contrainte de chronologie ni consigne précise, les événements qui ont jalonné la vie du personnage qu'il est en train de créer.

• Le génogramme

L'apprenant élabore l'arbre généalogique de son personnage, lui attribuant ainsi une famille fictive qui l'ancrera dans le réel de la simulation.

• Le biogramme

L'apprenant reprend, dans un tableau chronologiquement raisonné, l'ensemble des informations qu'il a données à son personnage : ses études, ses activités sociales ou professionnelles, ses rencontres, etc.

---

4. La loi permet à tout travailleur, en activité ou au chômage de faire établir, dans des centres spécialisés, un « bilan de compétences » qui lui permet de connaître ses points forts et ses lacunes professionnelles.

# Fiche 4

## Le « je » authentique
### dans les interactions en classe

# Niveau A2/B1

Des études[5] ont montré qu'en milieu scolaire, un apprenant, de la Sixième à la Terminale, ne dispose, en moyenne, que de 45 minutes de temps de parole sur une année.

C'est dire si la pratique du « je » authentique est nécessaire et cela dès le début de l'apprentissage. Les activités de petits groupes ou en tandem n'en revêtent que plus d'importance.

En classe de langue, si la langue cible est utilisée comme instrument de réflexion et de travail, elle devient alors l'outil nécessaire pour mener à bien les tâches communicatives proposées. Cependant la tentation d'utiliser la langue maternelle est grande, par facilité et parce qu'elle permet d'exprimer plus rapidement ses idées.

C'est pourquoi il est nécessaire de fournir, lors des travaux de groupes, une liste d'expression à utiliser.

| | |
|---|---|
| Pour dire ce que l'on pense | Je crois que... <br> Je pense que... <br> J'estime que... <br> Il me semble que... |
| Pour démarrer une observation | Si on réfléchit à... <br> Si on raisonne à partir de... <br> Si on imagine... <br> Si on suppose que... <br> Si on étudie... <br> Si on admet que... <br> Si on fait attention à... <br> En observant/en examinant/ <br> en comparant/en analysant... |
| Pour faire des hypothèses | On peut prévoir/estimer/considérer/ <br> espérer/supposer que... |
| Pour expliquer un résultat et en tirer des conclusions | On constate/on trouve/on remarque/ <br> on voit bien que... <br> On découvre que... <br> On peut donc établir que... |

---

5. Lycée français de Madrid, 1988.

## Résolution de tâches langagières : les problèmes logiques

*Objectifs :*

• formulation d'un raisonnement logique appliqué à une tâche concrète : trouver une solution pour résoudre un problème ;

• réemploi des connecteurs et des articulateurs ;

• utilisation du « je » authentique.

*Consigne :* Vous avez quinze minutes pour résoudre les problèmes logiques suivants. Lorsque vous aurez trouvé la solution, formulez clairement le raisonnement qui vous a guidé vers la solution. Utilisez les articulateurs appropriés.

*Modalités de travail :* en tandem ou en petit groupe. Distribuer auparavant la liste des problèmes à résoudre.

Liste des problèmes :

• Un nénuphar qui double sa superficie en un jour met 14 jours pour couvrir un lac. Combien de temps faudra-t-il à deux nénuphars pour couvrir ce même lac ? (Solution : avec un seul nénuphar, à la fin de la journée, on en obtient deux. Avec deux nénuphars depuis le début du premier jour, on ne gagnera donc qu'un seul jour. La solution est donc 14 − 1 = 13 jours).

• Sur un fil téléphonique, dix-sept oiseaux chantent. Un chasseur en tue sept d'un coup. Combien en reste-t-il ? (Solution : tous les oiseaux s'étant envolés au bruit du coup de feu, il n'en reste pas un seul !).

• Le bœuf d'un paysan a donné naissance à un veau dans le champ du voisin. A qui, légalement, appartient le veau ? (Les bœufs ne donnent pas naissance aux veaux... ce sont les vaches qui mettent bas...).

• Qui est le fils de ton père et le fils de ta mère mais qui n'est pas ton frère ? (Solution : Ça ne peut être que moi-même...).

## Production d'énoncés à partir de bruitages

*Objectifs :*

• développer l'imagination ;

• réemploi de structures et de lexique dans un récit organisé.

*Consigne :* Imaginez un scénario correspondant aux bruits entendus.

*Modalités de travail :* en tandem ou en petit groupe. Faire auparavant écouter les bruitages enregistrés (portes qui grincent, bruits de pas sur du gravier, sur du carrelage, crissements de freins, klaxons, petits oiseaux, pleurs d'enfants, rires d'enfants, annonces dans les gares, ronflements, brouhahas divers, etc.).

# Chapitre 5

# L'oral : les activités de compréhension/ réception

## **T**YPOLOGIE NON EXHAUSTIVE D'ACTIVITÉS DE COMPRÉHENSION / RÉCEPTION ORALE

L'enseignant construit, à travers des activités de difficulté progressive, non seulement la compétence de communication dans toutes ses composantes, mais également et en premier lieu la capacité à accéder au sens de ce que l'on entend ou de ce que l'on lit. Dans une langue étrangère, on comprend toujours beaucoup plus de choses que ce que l'on peut produire, ce qui ne signifie pas pour autant que les activités de réception soient passives, bien au contraire. Construire le sens, surtout à l'oral, demande des activités complexes : faire des hypothèses, tester ces hypothèses, les confirmer ou les infirmer, et tout cela de façon extrêmement rapide, car l'interlocuteur vérifie rarement la compréhension, et naturellement jamais lorsqu'il s'agit d'une émission entendue à la radio ou à la télévision.

Le rythme des activités sera dynamique, les modalités de travail variées, afin d'éviter la monotonie et la passivité que peut engendrer la non-compréhension immédiate. Des consignes d'écoute active seront données.

### L'écoute active et la compréhension des documents sonores

Avant l'invention des magnétophones, l'enseignant ne pouvait faire entendre à ses élèves d'autres voix que la sienne. Si bien que lorsque ce dernier se trouvait en face d'un locuteur natif (dans la rue, à la radio…) il lui semblait ne plus rien comprendre, ne plus rien reconnaître de ce qu'il avait appris, tant les intonations, les débits, les façons de parler et les expressions varient d'un individu à l'autre.

Aujourd'hui les documents sonores sont introduits dès le début de l'apprentissage, dès la leçon zéro. La prise de contact avec la langue cible, parlée par différents locuteurs natifs, est immédiate.

Tous les manuels d'apprentissage sont accompagnés de cassettes ou de CD audio. Ils comportent les documents liés aux séquences didactiques. Les éditeurs publient ce qu'on appelle du « matériel périphérique », sous forme de petits livrets d'activités, également accompagnés de cassettes et CD.

Si vous n'avez pas accès à ce matériel ou si les activités proposées ne correspondent pas à vos objectifs, produisez vos propres documents audio en enregistrant :

– des émissions de radio[1] (entretiens, flashs d'informations, bulletins météorologiques, chansons, débats culturels ou politiques, jeux radiophoniques, annonces publicitaires, etc.) ;

– des « documents authentiques » de la vie réelle (enregistrements des répondeurs téléphoniques, conversations dans les cafés, annonces dans les grands magasins, les gares et les aéroports, etc.) ;

– vos propres exercices, en enregistrant si possible différents locuteurs afin de varier les accents français et francophones.

Des grands débutants aux niveaux supérieurs, les objectifs d'apprentissage assignés aux documents audio regroupent :

– un travail sur les contenus lexicaux et socioculturels :
  • découverte ou reconnaissance de lexique en situation,
  • découverte ou reconnaissance des registres de langue,
  • découverte ou reconnaissance de faits culturels ;
– un travail sur les contenus phonétiques :
  • découverte ou reconnaissance des accents différents,
  • découverte ou reconnaissance de sons (discrimination auditive) ;
– un travail sur les contenus morphosyntaxiques :
  • découverte ou reconnaissance de structures utilisées en situation ;
– un travail sur les contenus discursifs et thématiques :
  • repérage de mots-clés,
  • compréhension globale, détaillée, puis fine et analytique ;
– un travail sur les stratégies et méthodologies :
  • la prise de notes,
  • les stratégies de compréhension.

Apprenez à vos élèves à devenir des auditeurs actifs. Faites-leur, pour cela, prendre conscience que l'acte d'écouter, s'il est banal et quotidien en langue maternelle, peut être grandement facilité en langue cible si on maîtrise certaines techniques d'écoute active progressive.

Adaptez ou utilisez tel quel le test suivant.

### ▶ Savez-vous écouter ?

*Consigne :* Répondez sincèrement aux questions suivantes, sans vous préoccuper du résultat final. Ce test a pour but de vous aider à prendre conscience de vos attitudes afin d'améliorer votre compréhension de la langue cible.

---

1. RFI (Radio France internationale) : www.rfi.fr vous donne la fréquence d'émission dans le monde entier.

*Pensez-vous que vous êtes quelqu'un qui sait écouter les autres ? Donnez-vous une note de zéro à 100 : ............. /100.*

*Quelle note pensez-vous que vous donnent les autres ? .............. /100.*

| | Toujours | Rarement | Jamais |
|---|---|---|---|
| Lorsque votre interlocuteur émet une idée difficile à comprendre, vous perdez le fil de la conversation et il vous est difficile de le retrouver. | | | |
| Vous anticipez sur ce que va dire votre interlocuteur. | | | |
| Vous prenez mentalement des notes pour interroger votre interlocuteur sur ce que vous n'avez pas compris. | | | |
| Lorsque vous écoutez la radio, vous pouvez en même temps penser à autre chose. | | | |
| À la télévision, vous êtes distrait par l'image et vous perdez le fil de ce qui est dit. | | | |
| Dans une conférence, vous aimez qu'on annonce le plan car cela vous aide à comprendre. | | | |
| Vous cherchez à deviner le sens des mots inconnus en faisant des hypothèses. | | | |
| Vous préférez la télévision ou le cinéma à la radio, car les gestes et les mimiques vous aident à comprendre. | | | |

De la discussion qui suivra la mise en commun des réponses à ce test, on fera dégager les qualités d'un bon auditeur :
- il est actif ;
- il se concentre sur ce qu'on lui dit ;
- il est prêt à reformuler pour vérifier qu'il a bien compris ;
- il cherche à anticiper sur la suite de ce qui va être dit.

Ces éléments seront rappelés lors des activités d'écoute.

## L'approche globale d'un document sonore : la démarche

### ▶ Le repérage de la situation

La grille ci-après (p. 102) peut s'appliquer à tout type de documents sonores. Il s'agit, par un jeu de questions, de faire en sorte que l'apprenant, qui après une première écoute déclare toujours « n'avoir rien compris », réalise qu'en fait il a déjà saisi un grand nombre d'informations qui peuvent le mettre sur la voie de la compréhension.

Repérer la situation de communication permet de comprendre le contexte de la prise de parole, les relations des personnes entre elles et leurs intentions de communication.

Faire répondre aux questions de la grille est un excellent exercice de prise de parole en langue cible, et permet souvent d'introduire, en situation réelle, le lexique dont les apprenants ont besoin pour compléter leurs réponses.

Ce travail se fera en grand groupe, chacun apportant des compléments d'information. Chaque information donnée devra être justifiée (« Pourquoi dites-vous ça ? ») et fera l'objet d'un consensus. On complètera alors la grille au tableau.

Cette étape achevée, on cherchera les indices obtenus sur le contenu du discours et on demandera de faire les premières hypothèses sur le sens.

| Qui parle ? à qui ? | Combien de personnes parlent-elles ? <br> Ce sont des hommes, des femmes, des enfants ? <br> Quel âge peuvent-ils avoir ? <br> Peut-on les caractériser (nationalité, statut social, rôle, état d'esprit…) ? |
|---|---|
| Où ? | Peut-on situer le lieu (rue, appartement, terrasse de café…) ? <br> Y a-t-il des bruits de fond significatifs ? Quels sont-ils (rires, musique, discussion en arrière-fond…) ? |
| De quoi ? | Peut-on saisir quelques mots-clés qui mettent sur la voie du thème dominant ? <br> Des sous-thèmes ? |
| Quand ? | À quel moment se situe la prise de parole ? <br> Avant ou après un événement dont on parle ? |
| Comment ? | Quel est le « canal » utilisé ? Entretien en face à face, radio, télévision, micro-trottoir, téléphone, interview, conversation amicale ? <br> Est-ce un monologue ou bien y a-t-il des interactions, des échanges ? |
| Pour quoi faire ? | Quelle est l'intention de la personne qui parle (informer, expliquer, décrire, raconter, commenter, présenter un problème, faire part de son indignation, convaincre, etc.) ? |

### ▶ Le repérage des mots, l'observation de l'organisation du discours

Une prise de parole n'est pas toujours structurée, en particulier lorsqu'elle est spontanée. En revanche, dans un discours préparé, par exemple un exposé sur un thème précis, l'orateur sait où il veut en venir, et l'expose souvent au début de sa prise de parole. Faire repérer l'annonce d'un plan ou la structuration du discours permet de faire faire des hypothèses sur ce que l'on va entendre, puis au fur et à mesure de l'écoute, permet de vérifier la justesse ou l'inexactitude des hypothèses.

L'apprenant est ainsi placé dans une attitude d'écoute active. Cette technique lui sera fort utile en présence d'un locuteur natif.

| Les indications | Peut-on repérer : <br>• des chiffres ; <br>• des dates ; <br>• des noms géographiques ; <br>• des lieux ; <br>• des sigles ? |
|---|---|
| La structuration | Un plan est-il annoncé ? S'il l'est, a-t-il été suivi ? <br>Peut-on repérer l'organisation interne du discours ? <br>Peut-on repérer certaines des idées qui ont été annoncées ? <br>Peut-on repérer ce qui relève des exemples, des illustrations ? <br>Repère-t-on des arguments, des affirmations ? <br>Certains des développements sont-ils repérables ? |
| Les marqueurs | Y a-t-il : <br>– des connecteurs logiques : *d'une part, d'autre part, par ailleurs*, etc. ? <br>– des marqueurs chronologiques : tout d'abord, ensuite, puis, enfin, pour conclure, en guise de conclusion, etc. ? <br>– des marqueurs d'opposition : *malgré cela, bien que, en dépit de, mais, au contraire, cependant*, etc. ? <br>– des marqueurs de cause ou de conséquence : *en effet, étant donné que, de manière que, pour la raison suivante*, etc. ? |
| Les mots | Peut-on repérer des mots qui mettent sur la voie du sens : <br>• mots transparents (en se méfiant des faux amis) ? <br>• reprises, répétitions ? <br>• mots significatifs du thème ou du sous thème ? |

On procédera par questions générales adressées au grand groupe, on fera justifier les réponses et on veillera à obtenir le consensus, l'accord du groupe sur la validité de la réponse.

Les marqueurs sont des indicateurs de la structuration de la pensée. Lorsque l'auditeur entendra « d'une part », son activité d'écoute se mettra en éveil car il s'attend à ce que l'orateur annonce « d'autre part » et il sera prêt à parier que cela sera suivi d'un « enfin ». Cette attitude d'éveil renforce son désir d'élucidation du sens.

# Fiche 5  L'approche globale d'un entretien enregistré

# Niveau A2/B1

*Objectif :* compréhension d'informations orales.

*Transcription² :*

• Après quatorze ans passés ici, comment êtes-vous considérée par vos amis ? comme une Québécoise ou comme une Française ?

– Pour eux je reste encore « la Française » qui n'a pas perdu son accent. D'ailleurs, ils pensent qu'un jour, je rentrerai dans mon pays.

• Et si vous retourniez vivre en France, est-ce que vous auriez du mal à vous réhabituer ?

– Pour moi, la question ne se pose pas. Et je peux vous donner plusieurs raisons. D'abord, mes enfants sont canadiens. Ensuite, tous mes amis sont ici et j'ai une vie très agréable. Et puis, j'aime bien les Québécois : ce sont des gens vraiment gentils. Ici, on vous tutoie facilement. Vous demandez votre chemin ? On vous propose de vous accompagner. Dans les rues, je me sens en sécurité, même le soir. Je n'étais pas habituée à cela en France. Enfin, matériellement, je suis bien installée. J'ai un bel appartement et j'ai un métier qui m'intéresse. En France, je n'aurais sûrement pas la même situation. Bien sûr, tout n'est pas parfait. Par exemple, si j'étais un homme, j'aurais un meilleur poste et un salaire supérieur. Au Québec, comme ailleurs, les hommes et les femmes ne sont pas à égalité dans la vie professionnelle. Mais les Québécoises luttent, et la situation des femmes s'améliore peu à peu.

• En résumé, vous avez réussi votre intégration dans ce pays.

– Disons que j'ai eu plus de chance que d'autres Français qui ont eu du mal à s'intégrer ou qui n'y sont jamais arrivés. Je dois dire que je n'ai jamais été vraiment une immigrée : je suis venue ici en touriste, ou presque, et six mois après, j'étais mariée à un Québécois. Je n'ai donc pas eu les problèmes des immigrés qui doivent lutter pour s'installer, pour apprendre le français, chercher un travail, un logement, se faire des amis. Dès mon arrivée, j'ai tout de suite fait partie de la « gang à André », son groupe d'amis. Je n'ai pas été la « maudite française », celle qui regarde les Québécois d'un œil critique, celle qui croit tout savoir parce qu'elle vient de la vieille Europe. C'est pour ça qu'on m'a acceptée. Mais je ne pense pas qu'on puisse s'intégrer tout à fait. On garde toujours une certaine nostalgie du pays d'où l'on vient et le sentiment que ses racines sont ailleurs.

---

2. Le document transcrit est extrait de la cassette d'accompagnement du manuel *Sans frontières*, niveau 2, CLE International, Paris, 1983, pp. 133, 134.

*Démarche :*

### ▶ Première écoute

On inscrira au tableau les questions clés de la première grille et on donnera des consignes d'écoute active : « Ecoutez, ne prenez pas de notes, aidez-vous des questions écrites au tableau. »

### Élucidation de la situation de communication

Dès la fin de la première écoute, le grand groupe tentera de compléter la grille au tableau. Chaque réponse donnée sera justifiée.

Exemples de réponses :

| Qui parle à qui ? | – Deux personnes parlent<br>– Un homme et une femme, ce sont des adultes<br>– La femme est française mais elle habite au Québec, elle a un bon travail, l'homme est français ou québécois, c'est peut-être un journaliste car il pose des questions. |
|---|---|
| Où ? | L'enregistrement a sans doute lieu en studio car il n'y a pas de bruits de fond significatifs. |
| De quoi ? | Elle parle de sa vie au Québec, de l'immigration, des Québécois, de l'intégration. |
| Quand ? | Elle parle de sa vie depuis son installation il y a quatorze ans. |
| Comment ? | Ça se passe peut-être à la radio, l'homme et la femme utilisent un vocabulaire simple, avec beaucoup de pauses et de silences, des phrases courtes. |
| Pour quoi faire ? | L'homme veut savoir ce que la femme pense. La femme explique, elle raconte. |

Cette première découverte du contenu va permettre d'élucider plus à fond les thèmes et les sous thèmes abordés. A ce point, on peut essayer de faire trouver un titre au passage et de vérifier sa pertinence par la suite.

### ▶ Deuxième écoute

On axera cette écoute sur le repérage des marqueurs, des mots et des indications précisés dans la seconde grille. Si la langue maternelle des apprenants s'y prête, on fera noter les mots transparents. Les apprenants peuvent prendre des notes s'ils le souhaitent (voir tableau page suivante).

| Les marqueurs | Connecteurs logiques : *d'une part, d'autre part, par ailleurs*<br>Marqueurs chronologiques : *d'abord, ensuite, et puis, enfin*<br>Marqueurs d'opposition : *mais*<br>Cause, conséquence : *d'ailleurs, par exemple, donc*<br>Prise de position : *pour moi, je peux vous donner plusieurs raisons, je dois dire que, je ne pense pas que*<br>Marques de l'énonciation : *je, j'ai, mon, mes* |
|---|---|
| Les indications | Des chiffres : après 14 ans, six mois après<br>Des noms géographiques : les Québécois(es)<br>Des lieux : au Québec, la vieille Europe |
| Les mots | Les mots qui se répètent : celle qui<br>Les mots clés significatifs du thème et des sous thèmes : Québécoise ou Française, la vie professionnelle, la situation des femmes, l'immigration, l'intégration |

Le titre donné après la première écoute est-il toujours valable ?

## ▶ Troisième écoute

Sans grille, pour le plaisir de confirmer la compréhension.

# Fiche 6 La compréhension d'une émission radiophonique

# Niveau C1

Les documents courts, enregistrés à la radio ou élaborés par l'enseignant, permettent différentes exploitations : découverte ou reconnaissance de structures, fixation, transpositions.

Le document ci-dessous est un mélange : réenregistrement de flashs radiophoniques et phrases élaborées pour le besoin de l'activité.

***Objectifs :***

• reformulation orale d'une information, reconnaissance du type d'information ;

• travail sur l'implicite : transformation et développement, à l'écrit, d'une information entendue à l'oral.

***Transcription :***

1. Carambolages en série sur l'autoroute A10 dans le sens Paris-Bordeaux : dix-sept morts et plus de cinquante blessés graves. Hier après-midi, le ministre des Transports s'est rendu sur place. Il a ordonné la création d'une commission nationale pour tirer toutes les conclusions de cette catastrophe.

2. Une cuisine toute équipée pour 100 euros ? C'est possible avec les jouets Miniprix. On fait tout pour les enfants chez Miniprix, car à partir d'aujourd'hui, c'est déjà Noël !

3. Un jeune homme entre la vie et la mort à Nantes : il a reçu une balle en caoutchouc dans l'œil en nettoyant son arme de défense. Le problème de la vente libre de ce genre d'armes se repose.

4. Des vaccins expérimentaux contre la grippe aviaire échouent à plusieurs reprises : une information communiquée par le ministère de la Santé.

5. Baisse du chômage au mois d'octobre. Cette baisse, la sixième consécutive, est considérée comme un bon indice de redressement par le ministère de l'Économie et des Finances.

6. Le Premier ministre souffre d'une fracture à l'épaule. Il va devoir se reposer aujourd'hui mais n'interrompra pas les activités prévues pour les jours à venir.

7. Aux frontières du Soudan et de l'Éthiopie se trouve la dernière réserve d'animaux sauvages encore préservée du Kenya. Une belle expédition en perspective pour vos congés d'hiver.
Renseignements à l'adresse suivante : raid-kenya@ballades.com

8. Le Sénat a adopté l'amendement permettant d'expérimenter la réduction du temps de travail à 32 heures par semaine.

▶ **Première activité**

*Consigne :* écoutez une première fois chaque enregistrement. Dès la fin de l'écoute, vous devrez dire de quel type d'information il s'agit (fait divers, information politique, bulletin météo, etc.) et la reformuler.

Toutes les reformulations seront acceptées et discutées, les transformations intéressantes seront relevées et les corrections se feront collectivement.

▶ **Seconde activité**

*Consigne :* choisissez trois informations parmi toutes celles entendues. Développez-les en ajoutant tous les adjectifs et expressions qui peuvent influencer la lecture tout en gardant le sens originel.

Exemple, information n° 3 :

« Un jeune homme entre la vie et la mort à Nantes : il a reçu une balle en caoutchouc dans l'œil en nettoyant son arme de défense. Le problème de la vente libre de ce genre d'armes se repose. »

*Transformation :*

« Le problème **crucial** de la vente libre des **dangereuses** armes de défense revient **cruellement** au premier plan de nos préoccupations à cause du **dramatique** accident, sans doute **mortel**, survenu à un jeune Nantais alors qu'il nettoyait son arme. Faut-il attendre que des **catastrophes** de ce genre se reproduisent pour que les pouvoirs publics réagissent ?

Toutes les productions seront acceptées et commentées.

Ce travail permet une réflexion sur les manipulations possibles des textes et l'implicite véhiculé par les modalisations. On fera prendre conscience que le choix des mots n'est jamais neutre.

# L'ORAL : L'APPROCHE DÉCOUVERTE OU RECONNAISSANCE GLOBALE D'UNE CHANSON

Paroles et musique, texte et mélodie : la chanson est ancrée dans la vie. Elle fait autant partie du patrimoine culturel d'un pays que ses monuments et son histoire. Elle appartient au paysage quotidien des jeunes et moins jeunes. Elle est présente partout, à tous moments : à la radio, à la télévision, sur les lecteurs MP3 ou autres vissés aux oreilles, sur les murs des villes, sur Internet, dans la presse spécialisée. De plus, aujourd'hui, la plupart des albums présentent le texte original des chansons.

Il arrive que l'on traîne toute une journée dans sa tête une petite phrase musicale qui ne veut pas s'en aller. La chanson française se définit par sa diversité. Il serait dommage de l'écarter de l'enseignement, l'un des objectifs d'apprentissage étant tout simplement le plaisir.

Qu'en est-il de l'accès au sens ?

Il n'existe pas d'approche unique. On peut commencer par faire écouter la chanson, mais on peut également choisir d'en faire lire le texte avant de l'écouter. Tout dépend de la chanson, des objectifs pédagogiques et de la sensibilité du formateur.

## L'écoute sans texte, à l'aide de grilles

L'écoute sera active, avec une ou plusieurs tâches à réaliser.

### Grille d'écoute active

Elle permet de définir la situation.

Les questions seront posées au grand groupe, la grille sera complétée au tableau, les réponses seront justifiées (indices qui ont mis sur la voie).

| Où ? | Peut-on situer le ou les lieux de l'action ?<br>Peut-on repérer des noms de rues, de villes, de pays ? |
|---|---|
| Qui ? | Peut-on dire qui sont les personnages et les caractériser ? |
| Quand ? | Peut-on dire à quel(s) moment(s) se passe l'action ? |
| Quoi ? | Peut-on décrire les actions ?<br>Peut-on dire ce qui se passe ?<br>S'agit-il d'une action passée, présente ou future ? |

### Grille d'impressions et de sentiments

Quelle est l'impression dominante qui se dégage de cette chanson ? On fera justifier les réponses.

On proposera une liste de sentiments dont certains sont présents dans la chanson, d'autres non.

| La tendresse | | La violence | | La peur | |
|---|---|---|---|---|---|
| Le désespoir | | La joie | | La vitalité | |
| Le désordre | | Le bonheur | | La tristesse | |
| La honte | | La mélancolie | | L'ironie | |

### Grille thématique

Quels sont les thèmes traités ? On proposera une liste de thèmes dont seuls certains sont traités dans la chanson.

| L'immigration | | La perte d'un amour | | La solitude | |
|---|---|---|---|---|---|
| L'aventure | | La vieillesse | | L'enfance | |
| La guerre | | L'amour | | L'adolescence | |

### Grille lexicale

La grille peut comporter des mots et expressions réellement contenus dans le texte de la chanson, et d'autres, dont le sens est proche ou transparent.

### Grille « vrai »/« faux »

La grille comporte une liste d'affirmations portant sur le contenu du texte de la chanson :

• soit sur une caractérisation des personnages : l'homme porte un blouson, la femme est blonde, l'enfant s'appelle Babacar, etc. ;

• soit sur des actions : l'homme s'est fait voler son blouson, la femme a été blessée, etc. ;

• soit sur des lieux : l'action se passe en banlieue parisienne, au bord de la mer, sous les tropiques, etc. ;

• soit sur le moment où se déroule l'action : il s'agit du passé, du présent, du futur.

## Le repérage des mots

Suivant le niveau et la langue maternelle des élèves, on leur demandera, après une première écoute, de citer les mots transparents qu'ils ont retenus. On les écrira au tableau, même si, d'évidence, ils ne sont pas dans la chanson. On fera alors retrouver le contexte dans lequel ils ont été entendus. La suite du travail permettra de confirmer ou d'infirmer leur présence et de compléter le texte.

## Le repérage de la structure vide

Dans un premier temps, on annoncera, avant la première écoute, qu'il faudra essayer de dessiner sous forme de carrés et de rectangles la structure vide de la chanson. Les carrés représentent les couplets et les rectangles les refrains.

Dans un second temps, on procédera à une seconde écoute du premier couplet, puis du premier refrain. On demandera aux apprenants de fixer leur attention sur la longueur des phrases et de les représenter par des traits de longueur proportionnelle. On comparera les résultats.

Exemple :

## Le texte sans écoute

Cette approche permet un travail approfondi sur le sens ou sur une partie du sens. L'écoute ou les écoutes ultérieures serviront à affiner la compréhension et l'apprenant, ayant compris le sens du texte, profitera plus sereinement de la mélodie.

### Le remplissage de la structure vide

Une structure vide (en carrés, rectangles) est distribuée, accompagnée des paroles dans le désordre, découpées par phrases ou par unité de sens.

Les apprenants placeront tout d'abord le refrain, facile à reconnaître puisqu'il est répétitif, et tenteront de reconstruire un texte cohérent. Les choix seront justifiés et discutés. La première écoute affinera la reconstitution intuitive.

### La recherche des inconnus

Le texte intégral est distribué et on fera identifier tous les mots connus. Les mots totalement inconnus seront alors écrits au tableau et leur signification fera l'objet d'hypothèses plausibles selon le contexte.

### Le texte lacunaire

Les paroles de la chansons seront amputées d'une catégorie de termes :
– le lexique supposé inconnu ;
– les occurrences grammaticales intéressantes et que l'on souhaite faire retrouver (pronoms personnels, verbes conjugués, articulateurs, prépositions, etc.) ;
– les marques lexicales de niveau de langue (français familier, termes populaires ou argotiques).
On demandera alors aux apprenants, en fonction du sens et du contexte, de faire des propositions pour reconstituer les éléments manquants. La première écoute fera sans doute apparaître des équivalents des termes proposés.

### Le repérage des personnes

Il s'agit d'entourer tous les pronoms personnels et de demander à qui ils se réfèrent. Ce travail présente un intérêt accru si le texte comporte des « il » impersonnels et des « on ».

### Les regroupements lexicaux

Si le texte de la chanson s'y prête, on fera rechercher tout le lexique se rapportant à un même thème : domaine public et privé, thème de l'amour, de la tristesse, de la folie, de la joie de vivre, etc.

## Prolongements

### Une nouvelle chanson

À partir des matrices de structures, vides à l'exception des premiers mots de chaque phrase, on peut faire écrire de nouvelles chansons.
On peut également, à partir de certains mots du texte, faire prendre systématiquement la valeur opposée : le bonheur deviendra ainsi « le malheur », la tristesse « la joie », la première fois « la dernière fois ». Les phrases seront recomposées en conséquence.

### Une publicité

Les revues spécialisées dans la chanson ne manquent pas. On fera rédiger un article court présentant la chanson qui a été travaillée en classe.

### Un flash radiophonique

*Consigne :* journaliste récemment engagé dans une émission de variétés, vous devez produire un dizaine de flash radiophoniques de quinze secondes qui seront diffusés à l'antenne pour vanter la mélodie, le thème, l'atmosphère de la chanson, ainsi que son impact sur le monde musical.

*Modalités de travail :* en petit groupe ou en tandem. Ces productions seront enregistrées puis travaillées du point de vue linguistique, phonétique, socio-culturel et pourquoi pas humoristique.

### Un couplet manquant

En petits groupes, on fera produire un couplet supplémentaire à la chanson, en viellant à ce que le niveau de langue soit respecté, ainsi que le domaine lexical. On confrontera les productions et le meilleur couplet sera enregistré par ses auteurs.

### Un télégramme

Si la chanson s'y prête, faire réduire le contenu à une seule phrase, sous forme de télégramme.

### Un coup de téléphone

Production préparée en tandem et réalisée sous forme de jeu de rôle enregistré.

*Consigne :* vous appelez un ami pour lui demander s'il connaît la chanson que vous venez d'entendre à la radio. Il fait une réponse négative et vous demande de lui raconter de quoi elle parle.

# Fiche 7

## L'approche globale d'une chanson

# Niveau A2

**Premier couplet de la chanson « Mon mec à moi »,** paroles et musique : Didier Barbelivien, François Bernheim, chanté par Patricia KAAS.

**Il joue** avec mon cœur

**Il triche** avec ma vie

**Il dit** des mots menteurs

**Et moi**, je crois tout c'qu'il dit

**Les** chansons **qu'il me chante**

Les **rêves qu'**il fait pour deux

**C'est comme** les bonbons menthe

**Ça fait** du bien **quand** il pleut

**Je m'raconte** des histoires

**En** écoutant sa voix

**C'est pas** vrai, ces histoires

**Mais** moi, **j'y crois**

On présentera la structure de chaque phrase sous forme de cases dont certaines sont vides, donc à remplir et dont d'autres contiennent quelques mots de chaque vers.

| Il | joue | | | | | | | |
|----|------|----|----|----|-------|-----|----|----|
| Il | triche | | | | | | | |
| Il | dit | | | | | | | |
| Et | moi | | | | c' | qu' | | |
| Les | | qu' | il | me | chante | | | |
| | rêves | qu' | | | | | | |
| C'est | comme | | | | | | | |
| Ca | fait | | | quand | | | | |
| je | m' | raconte | | | | | | |
| en | | | | | | | | |
| C'est | pas | | | | | | | |
| mais | | j'y | crois | | | | | |

Cette grille est accompagnée d'une liste de vocabulaire classé par catégorie grammaticale (accordés ou conjugués) qui permettront de compléter les cases vides.

| Adverbes et prépositions | Pronoms possessifs et personnels | Substantifs | Articles | Adjectifs | Verbes |
|---|---|---|---|---|---|
| Avec | Mon | Cœur | Des | Menteurs | Je crois |
| Avec | Ma | Vie | Les | Vrais | Il dit |
| Tout | Sa | Mots | Des | | Il fait |
| | Moi | Chansons | Ces | | Il pleut |
| | | Rêves | | | Ecoutant |
| | | Bonbons-menthe | | | J'y crois |
| | | Histoires | | | |
| | | Voix | | | |
| | | Histoires | | | |

# L'ORAL : LA PRISE DE NOTES À PARTIR D'UN DOCUMENT SONORE

Prendre des notes à partir de l'oral, dans sa langue maternelle, peut parfois poser problème si on perd le fil de ce qui est dit pendant qu'on était en train d'écrire. En langue cible, c'est encore plus problématique. Notamment au téléphone.

### ▶ Pour quelles raisons est-on amené à prendre des notes ?

**Dans le système scolaire** du collège à l'université, pour prendre un cours en notes ;

**On prend note de ses lectures**, pour retenir les idées essentielles ou pour en faire quelque chose de différent : un exposé, une synthèse, un compte rendu, un résumé, une fiche de lecture.

**Dans la vie de tous les jours**, on prend également beaucoup de notes :
– des références d'ouvrages ou de revues que l'on veut consulter ou acheter ;
– des adresses, des dates à ne pas oublier ;
– des rendez-vous importants, des numéros de téléphone ;
– des messages à transmettre ;
– des réunions professionnelles, amicales ou associatives ;
– des informations à vérifier ;
– des idées à ne pas oublier ;
– des démarches administratives à faire ;
– la liste des courses,...

Toutes ces situations de prises de notes et bien d'autres (la liste n'est pas exhaustive) sont reproductibles en classe de langue et permettent de travailler sur plusieurs capacités langagières : compréhension orale ou écrite et production écrite, qui sont si souvent liées dans la vie quotidienne.

### ▶ Comment aborder la prise de notes en classe ?

Pour une prise de conscience, on commencera par un auto-test[3].

*Consigne :* lisez les affirmations suivantes et pour chacune d'elles, dites si vous pensez qu'elle est « plutôt juste » (PJ), « plutôt fausse » (PF) ou si vous n'avez pas d'opinion (PO).

---

3. Voir à ce sujet TIMBAL-DUCLAUX, L. *La prise de notes efficace*, RETZ, Paris, 1988 ainsi que les autres ouvrages cités en bibliographie.

| | PJ | PF | PO |
|---|---|---|---|
| La technique de la prise de notes s'acquiert par la pratique, ce n'est pas quelque chose qui s'enseigne | | | |
| Pour bien prendre des notes, il faut écrire tout ce que dit la personne qui parle | | | |
| La dernière fois que j'ai pris des notes remonte à moins d'une semaine | | | |
| La seule utilité de la prise de notes c'est de conserver des traces de ce que l'on a lu ou entendu | | | |
| Il vaut mieux ne pas abréger les mots en les notant car on risquerait de ne plus les comprendre en les relisant | | | |

L'analyse rapide des réponses est suivie d'une discussion dont l'objectif est de montrer que la prise de notes est une activité quotidienne et que des techniques simples à acquérir permettent de la rendre efficace.

On procédera ensuite à un tour d'horizon des pratiques du groupe :

• Comment chacun prend-il des notes dans sa langue maternelle ?

• Existe-t-il des symboles, des abréviations, des idéogrammes universels ou pour une langue donnée ? Si oui, quels sont-ils ? Peuvent-ils être transférables d'une langue à l'autre ? On en dressera une liste.

• Chacun d'entre nous utilise-t-il des symboles, abréviations ou idéogrammes qui lui sont propres ? Quels sont-ils ? Les met-il à disposition du groupe ?

On distribuera ensuite un tableau de symboles, abréviations et idéogrammes courants en français que les apprenants devront s'approprier[4].

---

4. Exemples : http://www.ac-nice.fr/lycee-curie/lettres/notes.htm et http://perso.wanadoo.fr/cite.chamson.levigan/doc_pedagogie/espace_eaf/cours/prise_notes. htm ainsi que http://www.ac-grenoble.fr/ses/Content/Pratique/premiere/TD/prisnotes.htm

# Fiche 8

# Prise de notes pendant une conversation au téléphone

# Niveau B1/B2

*Objectifs :*

- utiliser des techniques d'écoute active ;
- s'exercer à la prise de notes ;
- exploiter ses notes.

Lorsqu'on reçoit un appel téléphonique, il est à la fois aisé et difficile de prendre des notes. Aisé parce que, n'ayant pas son interlocuteur en face, on n'est pas obligé de le regarder et on peut se consacrer à la prise de notes. Difficile pour la même raison : sans la présence de l'interlocuteur, il est souvent plus difficile de le comprendre. On ne peut lui signifier, par un geste ou un regard, que l'on n'a pas compris et on hésite souvent à l'interrompre. Il faut donc parler, garder le contact, noter et reformuler.

Les activités suivantes permettent de s'exercer progressivement à résoudre ces difficultés.

## ▶ Les messages sur répondeur

*Consigne :* vous êtes assistante de direction dans une grande entreprise. Vous vous absentez quelques instants de votre bureau et à votre retour six messages vous attendent sur votre répondeur. Pour chacun d'entre eux, complétez la fiche de transmission ci-dessous.

---

A l'attention de : _____

En votre absence

M. ❑     Mme ❑     Mlle ❑

_____

Vous a appelé, le _____

A : _____heure

Pour : _____

_____

Il / elle rappellera   ❑

Vous demande de le / la rappeler ❑ au numéro : _____

---

**Exemples de messages enregistrés**

1. Bonjour, j'avais rendez-vous demain avec le directeur pour un entretien d'embauche. J'appelle de l'hôpital car je viens d'avoir un accident de voiture. Rien de grave, mais ils me gardent en observation jusqu'à demain soir. Présentez mes excuses au directeur, je rappellerai pour un autre rendez-vous. C'est Monsieur Radclif au téléphone. Au revoir, merci.

2. Madame Duchadeau à l'appareil. Je suis une amie personnelle de monsieur le directeur. Pouvez-vous lui demander de me rappeler sans faute avant ce soir au 07 07 89 87 65 ? C'est urgent, merci.

3. Allô ? C'est Jeanne. Pouvez-vous dire à papa que ce n'est pas la peine qu'il passe me prendre à la piscine, je rentrerai avec maman. Merci, au revoir.

4. Allô ? Tu n'es jamais à ton bureau, ma parole ! Rappelle-moi quand tu rentreras, j'en ai une bien bonne à te raconter !

5. Allô ? Bonjour, pourriez-vous dire à mon mari qu'il aille chercher Jeanne à la piscine ? Merci, au revoir.

6. Bonjour, c'est un message de Monsieur Mortimer pour Monsieur le directeur. Il y a un changement au sujet de notre réunion de demain. Elle n'aura pas lieu à la mairie mais au siège de notre société. Rappelez-lui que nous commencerons à neuf heures.

## ▶ La réception d'un appel téléphonique

On fera écouter une conversation téléphonique enregistrée, comportant un grand nombre d'informations, relativement simples.

***Consigne :*** vous allez entendre une conversation téléphonique qui comporte un grand nombre d'informations. Vous l'entendrez deux fois. Notez le maximum d'informations, en utilisant des abréviations et des symboles.

**Exemple de conversation**

– Allô ? Le consulat ? Bonjour madame, c'est bien le service des visas ?
– Oui monsieur.
– Je voudrais connaître la marche à suivre pour faire une demande de visa.
– Pour combien de temps ?
– Pour faire des études supérieures.
– Et bien vous devenez venir au service des visas avec votre autorisation de sortie du territoire, un justificatif de revenus, votre attestation de pré-inscription dans une université et quarante euros pour un visa longue durée.
– En combien de temps mon visa sera prêt ?
– Si vous avez tous les papiers, vous pourrez venir le retirer le lendemain, à partir de midi. Ah, j'oubliais, il faut aussi quatre photos.
– Merci madame, au revoir.
– Au revoir.

*Exploitation en grand groupe :*

• Élucidation des rôles, des statuts des interlocuteurs et de la situation de communication (un homme demande des informations à l'employée du service des visas dans un consulat général de France à l'étranger).

• Question générale : Combien d'informations contient cet enregistrement ? Les réponses varieront sans doute beaucoup.

• Examen des notes prises et décompte des informations :

Pour obtenir un visa d'études (1) longue durée (2), pour aller en France (3), il faut présenter : une autorisation de sortie du territoire (4), quatre photos (5), un justificatif de revenus (6), l'attestation de pré-inscription (7), et quarante euros (8). Le visa est prêt le lendemain (9) après midi (10).

## ▸ L'exploitation des notes prises

Lors d'une conversation téléphonique, on prend souvent des notes en situation « d'urgence », pour garder une trace écrite. Si on ne réutilise pas ces notes assez rapidement, on risque de ne plus savoir à quoi elles se rapportent.

À partir de notes prises dans différentes situations, on peut faire rédiger un courriel ou faire rejouer la conversation, en simulation.

*Consigne 1 :* vous écrivez un courriel à un ami pour lui communiquer les informations que vous avez obtenues au Consulat. Vous commencez votre courriel par : « J'ai eu les informations que tu m'avais demandées. »

*Consigne 2 :* vous souhaitez commencer vos études supérieures en France. Téléphonez au Consulat général de France pour demander la marche à suivre.

*Modalités de travail :* en tandem. L'un des deux sera le demandeur d'informations, l'autre l'employé du service des visas.

# Chapitre 6 La correction phonétique

Dans le domaine de la prononciation, les apprenants ne sont pas sur un plan d'égalité. Ils ressentent cela comme une grande injustice, mais en réalité, ce n'est pas très important : à condition d'être parfaitement compréhensible, un accent étranger peut avoir beaucoup de charme.

Il est cependant important de corriger dès le début de l'apprentissage certaines erreurs gênantes pour la compréhension avant qu'elles ne soient ancrées. Certaines techniques de correction phonétique permettent d'atténuer ces erreurs de prononciation si jamais elles sont fossilisées.

Il est souhaitable que l'enseignant connaisse ces techniques et soit conscient des erreurs spécifiques communes aux apprenants d'une même langue maternelle afin d'être à même d'élaborer des exercices adaptés à ces spécificités.

Avant de savoir corriger la prononciation défectueuse, il faut être en mesure d'examiner les symptômes, de poser un diagnostic et, seulement après ces deux premières étapes, de proposer un traitement correctif.

## LA DISCRIMINATION AUDITIVE POUR CONSTATER LES SYMPTÔMES

Certains apprenants ne repèrent pas facilement leurs erreurs phonétiques. Ils seront en toute bonne foi persuadés d'avoir produit un [z] parfait alors qu'ils ont émis un [s]. On doit donc tout d'abord essayer de leur faire discriminer (distinguer) les deux phonèmes (consonne sourde et consonne sonore) avant de pouvoir espérer les reproduire. En effet, un son qui n'est pas correctement perçu, ne peut être reproduit.

S'agissant du [z] et du [s], il suffit de faire placer la main sur la gorge, à la hauteur de la pomme d'Adam, pour faire percevoir la vibration que produit la production de la consonne sonore (le [z]) et l'absence de vibration lors de l'émission de la consonne sourde (le [s]).

Pour repérer les apprenants qui ne discriminent pas certains phonèmes, on peut faire réaliser des exercices collectifs de discrimination auditive. Ils constituent en quelque sorte l'étape « examen des symptômes ».

Exemple :
• Écrire au tableau les deux phonèmes sur lesquels vont porter l'exercice, par exemple [ã/ɛ̃].
• Donner un ou plusieurs exemples.

• Faire écouter une première fois les mots ou les énoncés très brefs dans lesquels se trouvent les phonèmes à discriminer : un seul phonème par énoncé, toujours placé en fin d'énoncé ou en fin de mot.

• Distribuer des grilles comme celle présentée ci-dessous et demander aux apprenants de cocher la case correspondante au phonème entendu.

• Effectuer une seconde écoute pour vérification.

**Consigne :** vous allez entendre une série d'énoncés dans lesquels se trouvent ces deux sons [ã] comme dans les mots « blanc » ou « mange » et [ɛ̃] comme dans les mots « vingt » ou « pain ». Cochez sur votre grille la case qui correspond au son entendu.

|       | 0 | 1 | 2 | 3 | 4 | 5 | 6 | 7 | 8 | 9 | 10 |
|-------|---|---|---|---|---|---|---|---|---|---|----|
| [ã]   |   |   |   |   |   |   |   |   |   |   |    |
| [ɛ̃]   | X |   |   |   |   |   |   |   |   |   |    |

### Transcription du corpus

Exemple : 0. Tu pars dem**ain** ?
1. Qu**and** ?
2. Dem**ain** mat**in**.
3. Tu m'att**ends** ?
4. Oui, sur le b**anc** !
5. Oh ! voici Al**ain** !
6. Qu'est-ce que tu pr**ends** ?
7. Des croiss**ants**.
8. J'ai f**aim** !
9. Pour moi, juste du p**ain**.
10. Et je suis cont**ent** !

## LE DIAGNOSTIC

Ayant constaté les symptômes, l'enseignant doit maintenant faire son diagnostic et le justifier. Quelles sont les raisons pour lesquelles la discrimination ne s'est pas faite ? Pour le savoir, l'enseignant doit avoir une connaissance minimale des caractéristiques des phonèmes, sans laquelle il ne pourra remédier au problème.

On s'inspire ici des principes théoriques établis dans la méthodologie de la correction verbo-tonale[1] dont l'application donne de bons résultats.

---

1. CALLAMAND, M. *Méthodologie de l'enseignement de la prononciation.* CLE International, Paris, 1981.

# Les trois traits distinctifs du système phonique français

### ▶ La tension

Certains phonèmes sont dits « tendus », par rapport à d'autres qu'on nomme « relâchés ». Entre les deux, tous les degrés de tension ou de relâchement existent. Par « tension », il faut entendre le degré de l'énergie musculaire employé pour l'émission d'un son.

### ▶ La labialisation

Elle désigne le degré de participation des lèvres dans l'émission des sons. Certains sons sont produits avec les lèvres très en avant, d'autres sans aucune participation des lèvres. Là encore, tous les degrés existent.

### ▶ L'acuité

Un son peut être « grave » ou « aigu » selon le degré d'ouverture et le volume d'air contenu dans la bouche. Un son grave proviendra d'un grand volume d'air avec une petite ouverture, un son aigu d'un petit volume avec une grande ouverture. Les schémas ci-dessous permettront à l'enseignant de déterminer les caractéristiques des erreurs constatées et de poser son diagnostic :
- le son est trop tendu ou trop relâché ;
- l'apprenant fait trop ou trop peu intervenir la labialisation ;
- le son est trop grave ou trop aigu.

## Les voyelles

### ▶ Le triangle du système vocalique

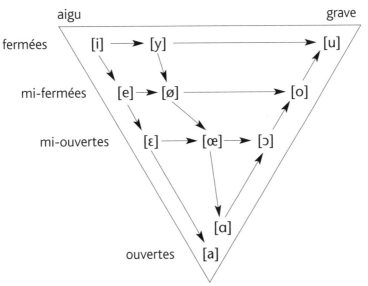

### ❯ Les voyelles nasales

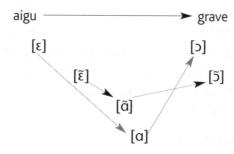

## Les consonnes

On distingue les consonnes tendues : [p], [f], [t], [s] et [ʃ].

On distingue également les consonnes sourdes des consonnes sonores.

|  | bilabiale | labio-dentale | apicale | sifflante | chuintante | palatale | dorso-vélaire |
|---|---|---|---|---|---|---|---|
| sourde | p | f | t | s | ʃ |  | k |
| sonore | b | v | d | z | ʒ |  | g |
| nasale | m |  | n |  |  | ɲ |  |
|  |  |  | r et l |  |  | j |  |

### ❯ Le rectangle des consonnes

- Les bilabiales : prononcées avec la participation des deux lèvres.
- Les labio-dentales : les dents du haut touchent la lèvre du bas.
- Les apicales : le bout de la langue touche l'intérieur des dents du bas.
- Les sifflantes : l'air qui s'échappe simule un sifflement.
- Les chuintantes : l'air qui s'échappe simule un chuintement.
- Les palatales : le bout de la langue touche le palais, derrière les dents du haut.
- Les dorso-vélaires : le dos de la langue touche le voile du palais.

## LE TRAITEMENT

L'entourage consonantique ou vocalique est très important : il peut faire changer une ou plusieurs des caractéristiques du son.

Les hispanophones par exemple jurent que leur langue ne dispose pas du phonème [z]. Si on leur demande de prononcer le mot « musgo » (la mousse), en leur demandant de mettre leur main sur leur gorge, ils sentiront les vibrations causées par la proximité du [s] de « musgo » avec la consonne [g], qui est sonore. Le [g] sonorise le [s], pourtant sourd, et le fait tendre vers le [z], sonore.

## Principes généraux de correction des voyelles

• Pour corriger la mauvaise prononciation d'une voyelle, on peut utiliser :
– un changement d'intonation (montante ou descendante),
– Un changement de l'entourage consonantique,
– Une prononciation déformée : on remplacera la voyelle « fautive » par l'une ou l'autre des autres voyelles, selon l'erreur constatée.

### ▶ Principes

• Pour relâcher une voyelle trop tendue, utiliser une intonation descendante.

• Pour obtenir un contexte grave, utiliser les consonnes [b], [m], [v], [ʒ] ou [r].

• Pour fermer une voyelle, utiliser [s], [f] ou [ʃ]

• Pour tendre une voyelle, utiliser :
– un sommet d'intensité (exclamation) ;
– un sommet de hauteur (interrogation) ;
– un contexte avec [s] ou [t].

• Pour obtenir un contexte aigu, utiliser la consonne [s] et un sommet de hauteur.

• Pour ouvrir la voyelle, utiliser [p], [t] ou [k].

• Pour obtenir les sons [y], [Ø] et [œ], utiliser les consonnes [ʒ], [ʃ], [p] ou [m]

**Exemple :** si l'apprenant prononce [u] pour [y], comme c'est souvent le cas chez les hispanophones ou anglophones, [tu a] pour « tu as », on peut lui proposer de répéter à plusieurs reprises [i] [i] [i], puis [ti a], pour essayer d'obtenir [ty a].

## Principes généraux de correction des consonnes

Pour corriger la mauvaise prononciation d'une consonne, on peut :
– changer l'intonation (montante ou descendante) ou l'intensité (exclamation).
– mettre cette consonne « fautive » en position favorable (initiale, intervocalique ou finale.
– changer l'entourage vocalique de la consonne en question.
– remplacer cette consonne par une autre plus ou moins tendue.

### ▶ Principes

• Pour relâcher une consonne trop tendue, utiliser :
– une intonation descendante,

– une position intervocalique ou finale.

• Pour obtenir un contexte grave, utiliser :
– l'intonation descendante,
– les voyelle [u] et [o].

• Pour tendre, utiliser :
– un sommet d'intensité (exclamation),
– un sommet de hauteur,
– la position initiale,
– un contexte avec [i],
– la consonne correspondante plus tendue,
– les poings serrés.

• Pour obtenir un contexte aigu, utiliser :
– un sommet de hauteur,
– les voyelles [i] ou [e].

**Exemple :** si l'apprenant assourdit les consonnes [z], [v] ou [ʒ] en les pronon-çant [s], [f] ou [ʃ], on peut, pour le corriger, utiliser :
– une intonation descendante,
– la position intervocalique ou finale,
– un contexte grave [u] ou [o].

Il serait vivement souhaitable que l'enseignant qui n'a pas eu de formation à la correction phonétique puisse observer un collègue qui pratique la méthode verbo-tonale.

Le respect de la correction phonétique est un facteur facilitant pour le succès du passage de la phonie à la graphie. L'acquisition de l'orthographe des sons en français langue maternelle est un problème bien connu des enseignants des écoles primaires. L'enseignant de fle pourra utilement consulter les ouvrages et manuels utilisés par les instituteurs.

# Chapitre 7

# L'écrit : les activités de production écrite

Avant de pouvoir écrire pour s'exprimer, pour communiquer avec un destinataire, l'apprenant, bien qu'il sache déjà le faire dans sa langue maternelle, va devoir apprendre à composer, avec les lettres de l'alphabet latin, les formes graphiques qui correspondent aux sons qu'il entend. C'est au cours de cette activité de transcription de l'oral que se structureront les éléments morphosyntaxiques et orthographiques nécessaires à l'expression future.

Cependant l'écrit n'est pas une simple transition entre la phonie et la graphie. Ce sont deux grammaires que l'apprenant va devoir maîtriser pour pouvoir communiquer : la grammaire de l'oral et la grammaire de l'écrit[1].

## ACTIVITÉS DE PRÉ-EXPRESSION ÉCRITE

Avant d'aborder l'expression écrite, on peut proposer trois étapes de travail, qui vont chacune solliciter des capacités intellectuelles distinctes et permettre de faire acquérir des habitudes graphiques et des automatismes :
- la reconnaissance de formes orales connues et de leur présentation graphique, d'après un support enregistré et sa transcription ;
- l'analyse, la conceptualisation de règles graphiques ;
- la systématisation et l'application de ces règles à des énoncés nouveaux.

## PASSAGE À L'EXPRESSION ÉCRITE

Un passage progressif est proposé : de la phrase simple au paragraphe, afin de limiter les difficultés auxquelles se trouvent confrontés les apprenants (ils sont en effet souvent tentés de leur calquer les structures et l'orthographe de leur langue maternelle, d'oraliser l'écrit).

Il est recommandé de :
- privilégier de véritables situations d'écrit, qui ne peuvent être confondues avec celles qui pourraient être réalisées à l'oral ;
- permettre rapidement une communication non artificielle (par exemple, un échange de courriels entre classes).

---

1. BERARD, E., LAVENNE, C., *Oral/écrit, niveau débutant*, coll. Entraînez-vous, CLE International, Paris, 1994.

L'expression écrite ne peut être une activité gratuite, sans sens ni but. Lorsque l'apprenant aura besoin d'écrire en langue cible, il faut qu'auparavant, il ait été formé à des écrits plausibles, probables ou nécessaires.

### ▶ Travail sur la phrase

Au tout début, on fera des produire des messages courts, comme on en produit en langue 1 dans la vie quotidienne : petits « post-it », listes de courses à faire, mémos pour ne pas oublier certaines activités, notes brèves d'un lieu où se rendre ou d'un numéro de téléphone, etc.

### ▶ Le message court

**Exemples :**

• Vous n'avez pas trouvé votre mère chez elle : quel message laissez-vous collé sur sa porte ?

• Vous avez reçu, en son absence, un coup de téléphone pour votre sœur : quelles notes avez-vous prises pour lui transmettre le message ?

• Vous ne voulez pas oublier trois choses importantes que vous devez faire la semaine prochaine : qu'inscrivez-vous sur votre agenda ?

### ▶ La reconstitution de messages

Message incomplet, déchiré, taché, l'apprenant devra reconstituer les parties manquantes, en veillant à ne pas dénaturer le sens.

### ▶ La carte postale de vacances

Selon le canevas proposé par Francis Debyser[2], on peut faire rédiger des phrases portant sur un thème précis, selon une matrice. Les productions seront alors du même type au niveau de la structure mais varieront dans les idées et le lexique. Elles donneront lieu à une correction collective et sélective, en commençant par la conformité des structures, puis en vérifiant les accords de genre et de nombre, enfin en s'intéressant à la correction lexicale.

### ▶ La réponse à des sollicitations publicitaires

Faire répondre à des petites annonces : demandes d'abonnements à des périodiques, informations sur les locations de maisons de vacances, propositions touristiques, réservations d'hôtels, inscriptions à des clubs de sport ou de loisirs, à des jeux ou des concours. Les encarts publicitaires ne manquent pas. Ils sont également l'occasion de comparaisons interculturelles de la vie quotidienne vue au travers de la publicité.

---

2. DEBYSER, F. *Les lettres de Paulette et Victor*, CIEP/BELC, 1981

### ◗ La rédaction d'une suite ou d'une amorce de récit

Moins communicative, cette activité, contraignante, développe plus facilement les capacités créatrices que les productions libres.

### ◗ La production de messages personnels

Adressé à un membre du groupe classe ou à l'enseignant, ces messages doivent répondre à une demande ou à un besoin précis.

### ◗ Le récit de rêves

Le plus souvent au présent narratif, ce type de production permet le réemploi d'articulateurs temporels, même si la structuration du récit peut laisser à désirer... ce qui est le propre du rêve.

### ◗ La présentation d'une personnalité

Il s'agit de la rédaction d'un court article présentant une personne (connue ou non), à l'aide de sa biographie ou d'un curriculum vitae. L'activité inverse consiste à faire raconter sa vie à un apprenant pour rédiger ensuite son CV.

### ◗ La rédaction de questions à poser

Pour préparer un entretien, une interview, une enquête, un micro-trottoir.

### ◗ Le passage de la phrase au texte

On sensibilisera progressivement les apprenants à la façon dont se structure un texte écrit, en examinant comment et pourquoi les idées présentées s'organisent et se présentent (la cohérence) et comment les phrases se combinent entre elles pour former un tout qui présente un sens (la cohésion).

À l'écrit, le destinataire est absent. La structuration est donc beaucoup plus importante qu'à l'oral.

Cependant une lettre, ou un courriel, appelle presque toujours une réponse. La lettre ou le courriel ne sont qu'un élément de l'échange. C'est à travers cet échange que l'émetteur saura s'il a été compris ou non. Dans sa réponse et par ses commentaires, le destinataire, devenu émetteur à son tour, informera l'auteur de la lettre ou du courriel sur la pertinence de la cohérence et de la cohésion de ce qu'il / elle a écrit. L'écrit, en effet, reflète ce qui a eu le temps de se structurer. L'expression « peser ses mots » prend ici tout son sens.

### ◗ La rédaction d'articles de journaux

« A la manière de... ». A la manière du journal *Le Monde*, à la manière du journal du lycée ou de la classe. L'apprenant devient journaliste et s'implique dans une véritable communication structurée, pour être compris de ses lecteurs.

# Fiche 9        Rédiger à partir d'une contrainte

# Niveau : à partir de A2

### Objectifs :
- élaborer un récit à plusieurs ;
- structurer son récit à l'aide d'articulateurs.

### Support :

Une ou plusieurs grilles sur lesquelles sont inscrites les contraintes[3].

### Démarche :

Cette activité d'écriture n'a pas d'autre destinataire que les apprenants eux-mêmes. Il s'agit simplement de jouer avec des mots, en respectant un certain nombre de contraintes, afin de produire du sens, de telle sorte que la production finale, imprévisible au départ, soit satisfaisante pour l'esprit.

On fera circuler plusieurs grilles dans la classe. Elles passeront de main en main sans ordre prédéfini. La personne qui reçoit une grille doit rédiger la suite de l'histoire en écrivant une phrase complète qui respecte les contraintes.

L'humour est le bienvenu. L'enseignant fournira les éléments lexicaux manquants.

Les histoires finalisées seront lues et mises aux voix pour déterminer celle qui, à la majorité des voix, est la plus satisfaisante.

### Exemple

Le tableau page suivante présente un exemple où les productions sont en italiques.

---

3. D'après VILLARROEL, M.-C., Créativité au jour le jour. Le français dans le monde, n° 196.

| CONTRAINTES | | EXEMPLES DE PRODUCTION |
|---|---|---|
| **Nombre de mots** (1 mot = une unité non séparée par un espace) | **Articulateur imposé** Utilisation obligatoire de l'articulateur cité | (Thème : dès l'apparition d'un thème, il est interdit d'en changer. Le premier mot est donné.) |
| 1 | | *Paris* |
| 2 | | *Elle s'éveille.* |
| 3 | | *Elle rêve encore.* |
| 4 | | *Elle rêve qu'elle rêve.* |
| 5 | MAIS | *Mais sa voisine passe l'aspirateur.* |
| 6 | ALORS | *Le bruit la dérange, alors debout !* |
| 7 | | *Le téléphone sonne, une voiture klaxonne dehors.* |
| 8 | DONC | *Elle décide donc de s'activer, sans aucun succès.* |
| 9 | | *Le réfrigérateur est vide, il n'y a plus d'eau.* |
| 10 | POURTANT | *Elle chante pourtant en descendant quatre à quatre l'escalier glissant.* |
| 11 | ET | *Et il arrive ce qu'il était naturellement prévu : elle tombe lourdement.* |
| 12 | CEPENDANT | *Ambulance, hôpital, pied cassé, opération, béquilles, elle continue cependant de chanter.* |
| 13 | ENCORE | *Elle rentre chez elle sur un pied, chantant toujours, même encore plus fort.* |
| 14 | | *Elle s'installe dans un fauteuil très confortable, elle prend son téléphone à côté d'elle.* |
| 15 | ENFIN | *Elle téléphone à dix personnes et on comprend enfin pourquoi elle chante : elle est cantatrice !* |
| | | |

# Fiche 10 — Rédiger un texte argumentatif[4]

# Niveau : à partir de B2

**Objectifs :**

- réemploi des articulateurs logiques ;
- structuration d'une argumentation écrite.

**Démarche**

Cette activité se déroule en deux temps :

- Travail individuel suivi d'une mise en commun : distribuer la grille ci-dessous et demander aux apprenants de choisir les connecteurs logiques qui vont permettre de structurer l'argumentation présentée.

- Travail en petit groupe : choix d'un thème à développer puis rédaction de l'argumentation avec utilisation d'articulateurs.

- Mise en commun : présentation des argumentations par les rapporteurs de groupes, discussion.

**Consigne :** liez entre elles les phrases et les idées présentées en choisissant l'un des connecteurs présentés en italiques.

| POUR OU CONTRE LES EMISSIONS ENFANTINES A LA TELEVISION ? | |
|---|---|
| Les émissions destinées aux enfants ont généralement un niveau culturel très bas. | |
| …………., il y a très peu de production nationale. | *Aussi, d'autre part, de même, de plus, également, encore, en outre, ensuite, et, par ailleurs, puis, quant à* |
| …………………………., les références culturelles ne conviennent pas à un jeune public. | *Ainsi, aussi, c'est pourquoi, dès lors, donc, d'où, en conséquence* |
| ……………., le cas d'un dessin animé qui présente des scènes de violence extrême. | *Ainsi, citons, c'est-à-dire, notamment, par exemple* |
| ……………., certaines émissions documentaires sont parfaitement adaptées, mais perdues dans la masse des inepties. | *Cependant, mais, malheureusement, néanmoins, en revanche, pourtant, toutefois* |
| ……………., je ne saurais trop vous recommander de choisir pour vos enfants des occupations différentes, plus sportives ou artistiques. | *Ainsi, donc, en bref, bref, en définitive, en résumé, finalement, pour conclure, en conclusion* |

---

4. Consulter PORTINE, H., *L'argumentation écrite, expression et communication*, Hachette/Larousse, 1983.

# Chapitre 8

# L'écrit, la compétence de lecture et la compréhension des documents écrits

## La compétence de lecture

Lire en langue maternelle, c'est mettre en œuvre, pour son plaisir, par besoin ou pour des raisons professionnelles, des pratiques apprises le plus souvent à l'école primaire. En français langue maternelle, pour évaluer la compétence de lecture chez les élèves entrant au collège, en classe de Sixième (10/11 ans), on hiérarchise la compétence globale en trois blocs[1] :

| Compétences de base : saisir l'information explicite de l'écrit | Comprendre de quoi ou de qui on parle. Tirer des informations ponctuelles d'un écrit. Maîtriser l'ordre alphabétique. |
|---|---|
| Compétences approfondies : reconstituer l'organisation de l'explicite | Retrouver les enchaînements de l'écrit : – de causalité. – de chronologie – référentiel Maîtriser les règles principales du code écrit : – les accords ; – les types de phrases ; – les formes verbales. Utiliser les ressources du contexte : – déjouer les effets de la polysémie. |
| Compétences remarquables : découvrir l'implicite d'un texte | Mettre en relation deux informations. Dégager le présupposé d'un énoncé. Dégager du contexte le sens d'un mot inconnu. |

Un élève qui atteint les « compétences remarquables » sait lire. Il est capable d'accéder au sens de n'importe quel document écrit. Il fera volontiers de la lecture une activité de détente et l'utilisera pour mener à bien ses tâches scolaires.

On comprend aisément qu'un tel élève abordera l'apprentissage de la lecture en langue cible avec des outils plus solides et une motivation plus grande que celui qui ne possède que les compétences de base.

---

1. Ministère de l'Éducation nationale, de l'Enseignement supérieur et de la Recherche, Direction de l'évaluation et de la prospective, note d'information de mars 1994.

Lorsqu'on travaille un document écrit en classe, l'objectif premier n'est pas la compréhension immédiate du texte, mais l'apprentissage de stratégies de lecture dont la maîtrise doit, à long terme, permettre à l'apprenant d'avoir envie de lire en langue cible, de trouver du plaisir à ouvrir et feuilleter un journal ou un ouvrage écrit dans une autre langue que sa langue maternelle.

De même que les activités de compréhension orale visent à former des auditeurs actifs, les activités d'apprentissage des stratégies de lecture ont pour objectif de former des lecteurs actifs, autonomes, qui ne se laissent pas rebuter par la longueur ou la difficulté d'un texte.

On pourra sensibiliser les apprenants en leur demandant de répondre à un questionnaire portant sur leurs qualités et leurs habitudes de lecteurs et discuter ensuite, en grand groupe, des réponses des uns et des autres.

▶ **Êtes-vous un bon lecteur ?**

|  | Oui | Non |
|---|---|---|
| Je lis régulièrement plus de deux livres par mois |  |  |
| Je suis abonné à une ou plusieurs publications (revue, presse quotidienne,...) |  |  |
| J'aime fréquenter les librairies, y passer du temps à feuilleter les ouvrages présentés |  |  |
| Je termine toujours un livre que j'ai commencé, même si le contenu ne me plaît pas |  |  |
| Je regarde toujours le sommaire avant de lire un livre |  |  |
| En général, je retiens bien ce que j'ai lu, et pour longtemps |  |  |
| Si je lis un peu, tous les soirs avant de dormir, je dois toujours relire quelques lignes lues la veille avant de continuer |  |  |
| Quand je lis un journal, je regarde toujours d'abord les gros titres puis je vais directement à la page de l'article qui m'intéresse |  |  |
| Dans le journal, je me contente de lire le « chapeau » des articles |  |  |
| Je lis le journal d'un bout à l'autre en commençant par le début |  |  |
| J'aime parler de mes lectures et confronter mes impressions avec des amis |  |  |

L'objectif est de faire connaître des stratégies qui permettent à la fois de prendre plaisir à consulter le journal et de lire un rapport de 500 pages pour en faire une synthèse.

## Comment lit-on ?

Personne n'est conscient du rôle que jouent ses yeux lorsqu'il lit.

Grâce aux travaux d'Emile Javal, publiés en 1912, sur le rôle du rythme et de la cadence oculaire dans la lecture, nous savons que contrairement à ce que l'on pourrait croire, les yeux ne suivent pas la ligne écrite de façon régulière, en commençant par le premier mot pour s'arrêter au dernier. Ils procèdent en fait par bonds successifs, par sauts discontinus, et photographient, en quelque sorte, à chaque « bond » un ensemble de plusieurs lettres (de une à une dizaine) ou de plusieurs mots (de un à cinq), selon leur longueur.

*L'œil n'a pas besoin de voir toutes les lettres d'un mot ou tous les mots d'une phrase pour permettre au cerveau de comprendre ce mot ou cette phrase.* [2]

L'œil envoie ces « photographies » au cerveau, qui les regarde, les reconnaît et signifie qu'il a compris. S'il n'a pas compris, il ordonne aux yeux de retourner en arrière et de rephotographier. Mais le cerveau anticipe toujours sur ce que l'œil lui envoie. Un premier paquet de photos lui permettra de faire des hypothèses sur la suite du sens.

Essayez vous-même :

> **« Le creaveu hmauin lit le mot cmome un tuot »**
> Le canular fonctionne à merveille. Depuis une quinzaine de jours environ, circule par courrier électronique un court texte qui affirme que l'ordre des lettres dans un mot n'est pas déterminant pour sa compréhension dès lors que la première et la dernière lettres sont conservées. Cela donne : Sleon une édtue de l'univertisé de Cmabridge, l'odrre des ltteers dans un mot n'a pas d'ipmrotncae, la suele coshe ipmretnate est que la pmeirère et la drenèire soit à la bnnoe pclae, est-il écrit dans ce texte. Le rsete peut êrte dnas un dsérorde ttoal et vuos puoevz tujoruos lrie snas porlbème. C'est prace que le creaveu hmauin ne lit pas chuaqe ltetre elle-mmêe, mias le mot cmome un tuot. »

L'apprenant à qui on explique cela comprendra pourquoi il n'accède pas au sens si son œil se bloque sur un mot.

Pour devenir un lecteur actif, il doit lire comme ses yeux le lui suggèrent, c'est-à-dire en s'obligeant à faire des hypothèses sur le sens, sans s'arrêter à la première difficulté lexicale.

## Les différentes stratégies de lecture [3]

On en répertorie généralement cinq : le repérage, l'écrémage, le survol, l'approfondissement, la lecture de loisir.

Selon l'objectif que l'enseignant souhaite faire acquérir, il peut choisir de faire travailler une seule de ces stratégies ou plusieurs l'une après l'autre. Lorsqu'elles seront comprises et maîtrisées, l'apprenant choisira de lui-même, selon la nature du texte à lire et la tâche qu'on lui demande de réaliser, celle(s) lui convienne(nt) le mieux.

---

2. COUCHAERE, M.-J., *La lecture active*, Chotard et ass., 1989, p. 21.
3. MOIRAND, S., *Situations d'écrits*, CLE International, Paris, 1979, pp. 17-88.

Par la suite, lors de ses lectures personnelles et en fonction de son propre objectif de lecture, devenu un « véritable lecteur », il appliquera sans même s'en rendre compte la stratégie la plus appropriée.

On voit là l'extrême importance que prennent les habitudes de lecture en langue maternelle, tant au niveau des mécanismes acquis qu'en ce qui concerne les habitudes culturelles. Quelle valeur donne-t-on à l'écrit dans la culture maternelle de l'apprenant ? Peut-on remettre l'écrit en question ? L'apprenant pratique-t-il l'autodérision ? L'enfant a-t-il été habitué à manipuler dès son plus jeune âge des ouvrages (bandes dessinées, magazines et livres « pour enfants ») et à les regarder d'un œil critique ?

## Le choix des documents écrits[4]

Quelques critères de choix :
• que le texte dose convenablement les éléments lexicaux et grammaticaux connus et inconnus ;
• que le contenu socioculturel permette une comparaison interculturelle ;
• que les différents textes proposés couvrent les domaines répertoriés dans le *Cadre européen commun de référence* (public, privé, éducationnel, professionnel) ;

| Quelle stratégie utiliser ? | Pour quoi faire ? | Dans quel type de document ? |
|---|---|---|
| La lecture repérage | Rechercher des informations précises | Modes d'emploi, annuaires, formulaires, index, bibliographies, dictionnaires, sommaires, brèves, chapeaux d'articles, brochures, prospectus, tracts… |
| La lecture écrémage | Aller à l'essentiel, trouver les mots clés significatifs de ce qui est important ou nouveau. Définir le type de texte et sa fonction. | Documents courts, articles de presse, pages de littérature, recueils de textes courts… |
| La lecture survol | Comprendre l'intérêt global d'un texte long ou d'un ouvrage. Dégager l'idée directrice, l'enchaînement des idées, le plan suivi, la structure d'ensemble. Sélectionner les passages intéressants. Éliminer les détails. En bref, démystifier le texte par une pratique de la manipulation. | Documents longs, articles ou ouvrages d'information ou de réflexion, journaux et revues, rapports, mémoires… |
| La lecture approfondissement | Réfléchir, analyser en détail, mémoriser. | Tout type de documents longs, textes littéraires… |
| La lecture plaisir, de loisir et de détente | Se faire plaisir… | Ce qui plaît le plus… |

4. Pensez à vous abonner à des journaux ou à des magazines. En ligne, vous pouvez accéder aux archives des quotidiens, sur abonnement. Archives du journal *Le Monde* : www.lemonde.fr/vip

• que les textes soient représentatifs des différents types dominants de textes (narratifs, explicatifs, injonctifs, informatifs, poétiques, argumentatifs, descriptifs) ;

• qu'ils s'adressent à la bonne classe d'âge, surtout au début de l'apprentissage ;

• que le texte apporte des informations originales qui permettent d'éveiller la curiosité.

Pour rompre avec le système qui veut que seul l'enseignant a le droit de choisir les textes qui vont être travaillés en classe, les apprenants peuvent, eux aussi, apporter des textes qui les intéressent ou choisir un texte parmi l'éventail proposé par l'enseignant.

| Comment ? | Au cours de quelle activité de classe ? |
|---|---|
| Par des balayages successifs, en diagonale très ouverte et verticalement dans le texte. La localisation de l'information recherchée sera vérifiée par de nouveaux balayages, cette fois à l'horizontale. | Faire compléter un tableau. Faire repérer des chiffres, des dates, des noms propres de personnes ou de lieux. Ces activités se font en un minimum de temps. |
| En quatre opérations, par des balayages en diagonale peu ouverte et à la verticale, puis par des balayages à l'horizontale sur des passages qui semblent intéressants. Identification du texte. Anticipation par des hypothèses sur le contenu à l'aide des titres, intertitres, paragraphes et typographie. Repérage des mots clés à l'aide des débuts de paragraphes, des mots de liaison, des marqueurs de cohésion, des articulateurs. Vérification des hypothèses par reformulation des mots clés et reconstitution du sens global. | Faire surligner ou entourer les mots de liaison et de structuration. Faire surligner ou entourer les débuts de paragraphes. Faire faire des hypothèses à partir de la lecture du titre, des intertitres et des chapeaux. Faire localiser les mots clés à partir des hypothèses sur le contenu. |
| Identification du document par la recherche de son auteur, du titre, des illustrations, de l'éditeur, de la collection, de la date de publication, du format, de la typographie. Identification de l'idée directrice par les informations données en quatrième page de couverture, dans le sommaire, dans les têtes de chapitre, la préface, l'index... Anticipation par des hypothèses sur le contenu et par la pratique de la lecture écrémage dans l'introduction, la conclusion et de brefs extraits. Prise de notes des idées clés et de la façon dont elles sont traitées. Vérification des hypothèses par la lecture de quelques passages choisis. Décision sur l'intérêt de l'ouvrage. | Faire, si possible, visiter le centre de documentation pour une première approche des dictionnaires, des encyclopédies, des revues... Expliquer, dans le détail, le fonctionnement d'un ouvrage. Faire faire des lectures survol de magazines. Faire rechercher des informations dans des sommaires. Faire faire des recherches dans des dossiers thématiques. |
| Après une lecture survol, recherche des passages à approfondir. Reformulation du thème, des idées et de leur enchaînement. Questionnement du texte, analyse fine et détaillée. | Établir la liste des points à approfondir. Rechercher et faire justifier les idées clés. Structurer les informations pour les rendre cohérentes. |
| Lecture linéaire poursuivie ou abandonnée selon l'intérêt qu'on y trouve. | Prêter ou offrir des revues, des magazines, des ouvrages à ceux qui les aiment. |

## Comment déterminer le type dominant d'un texte ?

Un texte est rarement d'un type « pur ». Il comporte cependant des dominantes qui correspondent à l'intention de l'auteur. Son intention principale déterminera le type de texte. On dit alors que le texte est « à dominante » narrative, informative, explicative, etc. Il peut par exemple être à dominante argumentative avec des sous-dominantes explicatives et informatives.

Pour connaître le type dominant du texte, il faut en connaître les règles d'organisation, en observant les mots, les phrases et leur articulation.

Le tableau ci-contre permet, du moins l'espérons-nous, de s'y retrouver.

| Type dominant | Lexique | Syntaxe | Articulation |
|---|---|---|---|
| **Descriptif** Construit avec des indicateurs spatiaux | Caractérisation des objets, des lieux, des personnages : adjectifs, substantifs, de qualité et de quantité. Prépositions de lieux. | Présent, imparfait. Présence importante des verbes : *être, avoir, devoir, falloir.* | Indicateurs temporels et spatiaux : devant, derrière, avant, après, à l'intérieur, à l'extérieur, à côté de, à gauche, à droite, par-dessous, par-dessus, etc. |
| **Narratif** Construit sur un axe temporel | Caractérisation des personnages, des lieux et des moments : qui, quoi, où, quand, avec quel résultat. | Présent, futur, imparfait et passé composé, passé simple, temps composés. | Indicateurs temporels : il y a un an, de nuit, le jour suivant, vers dix heures, l'année dernière, etc. |
| **Informatif** Présente des informations d'intérêt général ou particulier | Présentation d'informations, dans des notes, des avis, des circulaires, etc. | Reprises anaphoriques multiples, par des démonstratifs, des pronoms. Tournures impersonnelles. Marques du destinataire : « Vous trouverez… » | Mots de liaison et de structuration : tout cela, à part ça,… Connecteurs logiques |
| **Explicatif** Propose une réponse ou une solution à une question formulée explicitement ou implicitement | Connecteurs de commentaire : car, c'est-à-dire, en d'autres termes,… | Présent, imparfait. Reprises anaphoriques multiples, par des démonstratifs, des pronoms. Marques du destinataire : « On comprend que,… » | Articulateurs chronologiques : tout d'abord, ensuite, enfin… Mot signifiant l'enchaînement : il est vrai que, cela posé… |
| **Injonctif** Donne des conseils, des recettes, des ordres, des recommandations | Lexique spécifique de l'action à faire faire Verbes d'obligation ou d'interdiction : on doit, on devra, il faut, ne pas plier, prenez, faites… | Infinitifs ou impératifs. Futur, présent. Tournures impersonnelles. Marques du destinataire. | Indicateurs d'ordre des actions : en premier lieu, dans un premier temps, ensuite, puis, après, enfin, pour terminer, etc. |
| **Argumentatif** Tente de convaincre ou de persuader pour faire agir, en développant des arguments structurés | Connecteurs, mots de liaison, d'énumération, d'illustration, de comparaison, de concession : car, en effet, puisque, parce que… Lexique de la présentation de faits ou de problèmes. Explication Justification Rappels : on se souvient que, rappelons-nous que… | Cause et conséquence. Hypothèse | Indicateurs d'ordre des idées : d'une part, d'autre part, par ailleurs, en premier lieu, passons maintenant à, de plus, en outre, enfin, en définitive, en conclusion, pour finir… Certitudes : par conséquent, donc, certes, en effet… Opposition ou restriction : toutefois, cependant, néanmoins, pourtant, or, en revanche… Alternatives : soit, soit, ou bien, le premier, le second. Illustrations : c'est-à-dire, par exemple, prenons le cas de, citons notamment, etc. |

# Chapitre 9

# L'écrit : activités de compréhension des écrits

Dans les activités suivantes, il ne s'agit pas d'essayer de tout faire comprendre aux apprenants, au risque de les décourager. Il s'agit au contraire de former des lecteurs sûrs d'eux et autonomes, à qui on ne demande pas de tout comprendre immédiatement, mais à qui on propose des techniques permettant d'aborder tout type de documents écrits. L'objectif final est de les inciter à feuilleter par eux-mêmes des revues en langue cible, voire à lire des ouvrages complets.

Lors des activités de compréhension, l'apprenant n'active pas uniquement ce qu'il a appris en classe, mais également et surtout les connaissances et les expériences qu'il a acquises ou menées à bien antérieurement, à l'extérieur, et en langue 1. Sa connaissance du monde lui donne des indications sur le sujet dont on traite. Les supports servant aux activités de compréhension comportent des éléments socioculturels qu'il a l'habitude de fréquenter dans sa langue maternelle. Il pourra alors appliquer en langue 2 les stratégies qu'il met à l'œuvre en langue 1 sans toujours en être conscient. C'est pourquoi on l'initiera aux techniques de compréhension active, importantes à l'écrit et essentielles à l'oral, car plusieurs écoutes sans transcription n'égaleront jamais plusieurs lectures.

## La compréhension globale d'un texte écrit

*Objectifs :* apprendre à comprendre globalement et à utiliser des stratégies de balayage du texte ; à repérer le type dominant d'un texte ; à repérer la fonction d'un texte.

## La compréhension détaillée d'un texte écrit

*Objectifs :* apprendre à utiliser des stratégies de lecture telles que l'écrémage ; à repérer l'idée principale.

## La compréhension de l'implicite dans un texte écrit

*Objectif :* apprendre à utiliser des stratégies de lecture pour une compréhension fine et analytique.

# Fiche 11 La lecture repérage

# Niveau : à partir de A2

**Objectifs :**
• faire acquérir des habitudes de lecture active ;
• faire acquérir la stratégie de lecture repérage ;
• faire prendre conscience que l'on peut accéder au sens global sans connaître la signification de certains mots.

**Support :** un prospectus (voir page ci-contre).

**Modalités de travail :** en petit groupe. Distribuer le document photocopié et expliquer qu'il s'agit d'un document distribué gratuitement dans toutes les mairies de France afin de sensibiliser la population à l'écologie.

**Consigne :** soulignez tous les nombres qui sont écrits en chiffres et non en lettres, que vous trouverez dans le document, ainsi que le mot qui suit immédiatement. Vous avez une minute pour cela.

Au bout du temps imparti, les apprenants doivent avoir souligné :

| | |
|---|---|
| Ligne 7 : 800 conteneurs | Ligne 16 : 3 000 tonnes |
| Ligne 11 : 17 000 tonnes | Ligne 17 : 600 restaurants |
| Ligne 13 : 7 camions | Ligne 30 : 85 % |
| Ligne 15 : 30 m³ | |

Ces nombres seront écrits au tableau et on fera découvrir le dernier d'entre eux, qui, à la ligne 6 est écrit en lettres : *deux* types de conteneurs. On fera alors retourner le document, face cachée.

On demandera aux apprenants de faire des hypothèses sur ce que représentent ces nombres, sur leur rapport avec le titre du document *Le recyclage du verre à Paris*, et de justifier leurs propositions. Une proposition sera acceptée si elle rencontre l'accord du groupe classe.

Les apprenants découvriront sans doute que les 800 conteneurs contiennent 17 000 tonnes de verre, que chacun des 7 camions peut transporter 30 m³ et que 3 000 tonnes de verre proviennent de 600 restaurants.

On leur demandera alors de reprendre le document et de noter les verbes qui correspondent aux nombres et qui permettront d'affiner la compréhension.

## Document de la fiche 11

| | |
|---|---|
| Ligne 6 : deux types de conteneurs ont été choisis | Ligne 16 : 3 000 tonnes de verre sont ramassées dans |
| Ligne 7 : 800 conteneurs sont maintenus en place et permettent de collecter | Ligne 17 : 600 restaurants |
| Ligne 11 : 17 000 tonnes de verre | Ligne 30 : 85 % sont revendus aux verriers |
| Ligne 13 : 7 camions chargent le verre dans des bennes de… | |
| Ligne 15 : 30 m³ | |

Pour trouver ce que sont devenus les 15 % restants, on fera faire le même travail de repérage en demandant de relever les noms propres et les mots qui les précèdent :

| |
|---|
| Ligne 1 : La collecte sélective du verre à Paris |
| Ligne 19 : à l'usine Ecobouteille |
| Ligne 20 : de Rungis |
| Lignes 20 et 21 : créée par la ville de Paris |
| Ligne 22 : le verre collecté à Paris |

Pour accéder au sens complet, on fera alors lire les deux derniers paragraphes.

Cette activité de repérage doit être menée sur un rythme extrêmement dynamique.

# Fiche 12      Dégager les idées clés d'un texte

# Niveau : à partir de B1

**Objectifs :**
- faire lire de façon active ;
- faire pratiquer une stratégie de lecture ;
- faire dégager les idées clés qui structurent le texte.

**Support :** un article de presse d'environ 400 mots.

**Démarche et modalités de travail**
- Travail individuel, en temps limité, avec mise en commun, réalisé en trois étapes.
- Utiliser la grille SPRI[1] qui permet de mettre en relief la structure du texte lorsqu'une question est posée, ou un problème évoqué, et que l'auteur est à la recherche d'une solution.

| | |
|---|---|
| **S comme situation** | De quelle situation part l'auteur ?<br>Peut-on identifier des éléments importants qui permettent de définir la situation ?<br>Le titre et le chapeau permettent-ils de se faire une idée exacte du problème posé ?<br>L'introduction apporte-t-elle des éléments d'information ? |
| **P comme problème** | Quel est le problème posé ?<br>Quels sont les éléments les plus importants du problème ?<br>Écrémez les paragraphes de développement à la recherche d'informations pertinentes. |
| **R comme résolution** | L'auteur présente-t-il lui-même des éléments de solutions ?<br>Laisse-t-il le lecteur décider ?<br>Écrémez la fin de l'article. |
| **I comme information** | Quelles sont les informations données qui permettraient de vérifier les solutions proposées ?<br>Y en a-t-il dans la conclusion ?<br>Dans les dernières lignes de l'article ? |

Cette grille est applicable à pratiquement tous les textes présentant un problème, soit à résoudre, soit pour informer le lecteur, soit pour le décrire, soit encore pour expliquer que l'on peut trouver des solutions.

La grille SPRI est ici appliquée à un article[2] extrait d'un dossier sur le travail des femmes en France et la crise que traversent les demandeuses d'emploi.

---

1. D'après TIMBAL-DUCLAUX, L., *op. cit.*
2. Extrait du magazine *Marie-Claire*, avril 1994.

# LA TENTATION DU RETOUR AU FOYER

Une allocation au troisième enfant – bientôt au deuxième – peut inciter
les mères à rester à la maison pour leurs enfants, surtout si leur travail
est sans intérêt, mal payé et fatigant. Mais beaucoup préfèrent
la sécurité d'un travail à temps partiel.

1    Depuis 1985, les allocations familiales, au troisième enfant, versent jusqu'à
son troisième anniversaire une allocation parentale d'éducation (APE) de
450 € en échange d'une cessation complète d'activité professionnelle, 220 €
en cas de reprise à mi-temps. Il suffit d'avoir travaillé au moins deux ans dans
5  les dix dernières années. 142 000 personnes en bénéficient actuellement (dont
1 % d'hommes).

Simone Veil, ministre des Affaires sociales, devrait proposer ces jours-ci un
élargissement de cette allocation dès le deuxième enfant, dans le cadre d'un
10  projet de loi « Famille » visant à redresser la natalité en chute libre.

Rester à la maison pour un demi-SMIC intéresse moins d'une Française
sur cinq ayant un enfant de moins de trois ans, selon une étude de la
Fédération des familles de France. Les risques de divorce ou de chômage du
15  conjoint en dissuaderaient plus d'une de donner sa démission, Car, comme
le rappelle Simone Veil, « il est extrêmement difficile de reprendre une activité si on a été écarté trop longtemps du monde du travail ». D'autant que
le congé parental d'éducation auquel ont droit les salariés peut être refusé
20  dans les petites entreprises. Et pendant ce temps-là, les points de retraite ne
s'accumulent pas.

D'autre part, dans le contexte français, la sociologue Hélène Y. Meynaud
estime que la généralisation du salaire parental à toutes les mères de famille
25  constituerait un bon argument pour les licencier en priorité.

Elles sont en fait 29 % à rêver de temps partiel : d'autres mesures pourraient
être envisagées dans ce sens par le gouvernement. Pour l'instant, deux mi-
temps coûtent plus cher en charges sociales pour l'employeur qu'un plein
30  temps et le temps partiel réduit souvent les perspectives de promotion (professions libérales et enseignantes se le permettent plus souvent que les cadres).

On réfléchit aussi et surtout à l'amélioration des modes de garde pour toutes
celles qui continueront à travailler, par choix ou par nécessité.

35  Le maître mot, c'est « favoriser la liberté de choix des familles ». Car aujour-
d'hui, aucun spécialiste n'est réellement capable d'affirmer quelle politique,
quelles aides, nous encouragent le plus à faire des bébés.

© Marie-France VIGOR.

### 1. Compléter la grille SPRI

On demandera aux apprenants de répondre aux questions posées, en respectant les entrées proposées et en essayant de donner une réponse à chacune des questions.

*Exemple*

| S comme situation | P comme problème |
|---|---|
| *Lignes 1 à 9* | *Lignes 17 à 36* |
| Historique : depuis 1985 | Les Françaises sont-elles intéressées par la proposition du gouvernement ? Une étude montre que moins d'une Française sur cinq est intéressée. |
| Qui ? Les allocations familiales | |
| Quoi ? Versent une allocation parentale d'éducation | |
| Combien ? 450 euros | Pourquoi ? Cinq arguments : |
| Pour qui ? Les parents d'un troisième enfant | – Démissionner est dangereux en cas de divorce ou de chômage du conjoint. |
| Jusqu'à quand ? Jusqu'au 3e anniversaire de l'enfant | – Il est très difficile de reprendre une activité si on a été écarté trop longtemps du monde du travail. |
| Dans quelles conditions ? Si la mère cesse toute activité professionnelle | – Les petites entreprises peuvent refuser le congé parental. |
| Quelles sont les conditions particulières ? La moitié de la somme si la mère travaille à mi-temps | – Pendant le congé, les points de retraite ne s'accumulent pas. |
| *Lignes 11 à 15* | – Les mères bénéficiant du salaire parental risqueraient d'être licenciées en priorité. |
| Quelle est la proposition du gouvernement ? Verser cette allocation dès le deuxième enfant. | |
| Dans quel but ? Pour redresser la natalité | |
| R comme résolution | I comme information |
| *Lignes 38 à 50* | *Lignes 51 à 56* |
| Quelles autres mesures pourraient être prises par le gouvernement ? Trois mesures : | Qui écrit l'article ? Marie-France Vigor. |
| – Réduire les charges sociales que pour paye l'employeur pour un mi-temps. | Comment l'auteure se manifeste-t-elle dans le texte ? Ligne 54 : « nous ». L'auteure, étant femme, s'inclut dans le monde des femmes. |
| – Permettre les mêmes promotions avec un mi-temps qu'avec un temps plein. | Quelle information permettrait de vérifier les solutions proposées par l'auteure ? Aucune. Aucun spécialiste n'est capable d'affirmer les raisons qui pousseraient les femmes à avoir plus d'enfants. |
| – Améliorer les modes de garde des enfants pour les mères qui travaillent. | |

### 2. Mise en commun des travaux

Les apprenants se rassemblent par petits groupes de trois ou quatre pour confronter les résultats de leurs recherches. Le rapporteur désigné par le groupe présente la grille complétée.

### 3. Reformulation

Individuellement, chaque apprenant reformule par écrit, avec ses propres mots et en une seule phrase, le contenu de cet article. La meilleure production, une fois approuvée par le groupe, sera écrite au tableau.

# Chapitre 10 | Le lexique, les activités lexicales

## Lexique ou vocabulaire ?

« **Lexique** : l'ensemble des mots d'une langue, considéré abstraitement comme un des éléments formant le code de cette langue.

**Vocabulaire** : ensemble de mots dont dispose une personne. » (*Petit Robert*)

En clair, le vocabulaire serait le lexique actif, maîtrisé par un individu. Si l'on se réfère à ces définitions, on aura tendance en classe de langue à plus enseigner le vocabulaire que le lexique...

Comment, en effet, penser enseigner l'ensemble des mots du français, lorsqu'on sait que le *Trésor de la langue française*[1] en recense 100 000 alors que le vocabulaire fondamental[2] en dénombre 3 500 comme étant les plus courants, les plus concrets, ceux qui permettent de converser sur des thèmes simples tels que la famille, les amis, le travail, les loisirs. D'autres travaux[3] font état de chiffres différents, selon que l'on considère le vocabulaire oral ou écrit, actif ou passif.

Depuis la parution du *Cadre européen commun de référence pour les langues*[4], les différentes approches de l'enseignement du vocabulaire ont pris une orientation précise, liée à deux éléments fondamentaux : d'une part la préconisation d'un enseignement de type actionnel[5] et d'autre part la parution des *Référentiels pour le français*.

---

1. Le *Trésor de la langue française*, dit TLF et édité par le CNRS et les Éditions Gallimard.
2. Le *Français fondamental* de Gougenheim (1958 et 1959) a été élaboré à partir du dépouillement d'un corpus d'enregistrements de 275 adultes (conversations sur des thèmes quotidiens divers). La fréquence d'usage des mots de ce corpus a été calculée à partir du nombre d'occurrences de chaque mot dans l'ensemble des enregistrements. Les mots considérés comme trop familiers ont été malheureusement exclus (vélo, bouquin, copain) ainsi que le lexique phatique (Bof, bref...).
3. Mise à jour du *Français fondamental* (Gougenheim et Michéa, 1964) ; *Inventaire thématique et syntagmatique du Français fondamental* (Galisson, 1971) ; *Listes orthographiques de base du français* ou LOB (Catach, Jejcic et l'équipe H.E.S.O., 1984). Ce dernier ouvrage comporte 2353 mots classés par ordre de fréquence décroissante.
4. *Cadre européen commun de référence pour les langues : apprendre, enseigner, évaluer*, Division des politiques linguistiques, Conseil de l'Europe, éd. Didier, Paris 2001
5. Les apprenants et les enseignants connaissent bien, depuis les années 1970, ce que l'on appelle « l'approche communicative », qui met l'accent sur la communication entre les personnes et place l'apprenant au centre du processus d'apprentissage, le rendant actif, autonome et responsable de ses progrès. L'approche actionnelle, reprenant tous les concepts de l'approche communicative, y ajoute l'idée de « tâche » à accomplir dans les multiples contextes auxquels un apprenant va être confronté dans la vie sociale. Elle considère donc l'apprenant comme un « acteur social » qui sait mobiliser l'ensemble de ses compétences et de ses ressources (stratégiques, cognitives, verbales et non verbales), pour parvenir au résultat qu'il escompte : la réussite de la communication langagière.

Auparavant, il était possible de distinguer plusieurs approches, sans toutefois pouvoir distinguer de méthodologie stricte concernant le type de vocabulaire enseigné.

Certaines de ces approches étaient naturellement compatibles et combinées, selon le type de support utilisé, les convictions méthodologiques de l'enseignant, le schéma cognitif des apprenants : certains d'entre eux se sentent rassurés de posséder un « carnet de vocabulaire » dans lequel ils inscrivent et apprennent les mots nouveaux découverts à chaque séance ; d'autres, au contraire, n'apprennent et ne retiennent que le vocabulaire dont ils ont eu besoin pour communiquer ou comprendre un article, voire lire un ouvrage.

Une approche traditionnelle de l'enseignement du lexique est encore très en vogue malgré tout ce que nous a apporté la linguistique appliquée, si l'on croit le nombre d'ouvrages, de livrets et de cahiers de vocabulaire publiés chez les éditeurs et de sites Internet qui lui sont consacrés. Cet enseignement systématique rassure à la fois l'enseignant et l'apprenant, qui pourtant, savent pertinemment que la langue ne peut se réduire à une liste de mots isolés.

Hors de leur contexte situationnel, les mots n'ont pas de signification propre. Il suffit, pour s'en convaincre, de penser à certains homonymes[6] ou homophones[7] comme :

– *Marre* : hors de son contexte on pensera à une grande flaque d'eau... replacé dans l'expression « J'en ai marre », il est synonyme de « assez » en langage familier.

– *Acte* : hors contexte, il s'agit de n'importe quelle action, mais dans une pièce de théâtre, il s'agira de l'une des parties et dans le bureau d'un juriste, d'un document officiel.

– *Son* : dans l'expression « Monte un peu le son, je n'entends rien », il s'agit du phénomène acoustique alors que dans « C'est son son », il s'agira du phénomène acoustique appartenant à une personne précise...

## Le travail sur les mots

Son objectif est d'enrichir le vocabulaire par des séances de travail courtes et systématiques, sur les mots du langage. Les mots sont alors présentés hors contexte, mais la situation elle-même correspond à des activités réelles de la vie quotidienne.

*L'idée de base est toujours la suivante : être attentif à ce que dit la langue, la regarder, l'écouter, la travailler comme une pâte sans la briser. Cette richesse, cette*

---

6. *Homonymes* : se dit des mots homophones qui se prononcent de la même façon mais qui ont une signification et parfois une orthographe différentes.
7. *Homophone* : se dit des mots qui se prononcent exactement de la même façon, mais qui n'ont pas la même signification.

*souplesse caractérisent toute langue. L'absence d'attention à ces possibilités infi-nies est hélas monnaie courante, même dans l'enseignement*[8].

### ▶ La définition

Il arrive qu'un mot nous échappe, dans notre propre langue. On peut alors entendre ce type d'énoncé :
« – Passe-moi le truc, là…
– Quel truc ?
– Le truc à éplucher les légumes.
– Ah ! L'économe ! Tiens, le voilà. ».

### ▶ Les familles de mots

Le travail qui consiste à enseigner le lexique, s'il est bien connu en classe de langue maternelle, n'est que peu utilisé en classe de langue étrangère. Il n'a pas de lien avec des activités que l'on fait dans la vie réelle.

On peut cependant décider de faire des activités autour de l'acquisition des familles de mots, ou en prenant comme base un corpus de mots dans le désor-dre, dans lequel il faut entourer ceux qui appartiennent à un domaine précis (l'habillement, le sport, l'habitat, etc.).

### ▶ La mnémotechnie

« Mais où est donc Ornicar ? » = Mais, où, et, donc, or, ni, car. Et voilà les sept conjonctions de coordination apprises par cœur pour la vie.

Quel en est l'intérêt, à part exercer la mémoire, faire des mots croisés ou jouer au Scrabble ?

Aux apprenants de le dire. Pourquoi ne pas les initier ?

### ▶ Les intrus

À partir d'un corpus de phrases ou de termes d'un même domaine ou d'une même famille, mis ou non en situation, il s'agit de faire retrouver un ou plusieurs intrus.

Exemple : un quotidien, un bulletin, une feuille de chou, un canard, un poisson, un hebdomadaire, un mensuel.

### ▶ Les équivalents

À partir d'un QCM. Une discussion c'est :
A. un bavardage.
B. Une conférence.
C. Un échange d'idées.
D. Un discours.

---

8. GALISSON, R., PORCHER, L., *Le Distractionnaire*, CLE International, Paris, 1984, p. 3.

### ▶ Les mots familiers

À glisser et à faire retrouver dans des listes.

Exemple : un ami, un copain, un camarade, une connaissance, un pote, une relation, un collègue.

### ▶ Les récits loufoques

Changer certains mots et demander de faire les transformations nécessaires. Exemple : « J'ai acheté une paire de rideaux, mais ils me vont mal, ils me serrent trop, je crois qu'ils sont trop décorés. »

## Découverte du lexique en approche actionnelle

Parmi les stratégies qui intéressent l'acquisition du vocabulaire, on peut noter les stratégies qui permettent, à l'oral ou à l'écrit, de dissimuler ses lacunes tout en exprimant réellement ce que l'on avait l'intention d'exprimer.

### ▶ La stratégie de détournement de la difficulté

Elle consiste, lorsqu'on ne connaît pas du tout un mot dont on a besoin pour exprimer quelque chose, à modifier son énoncé de façon à utiliser un mot qui décrit ce que l'on souhaitait dire. Par exemple :

• Utiliser la définition

« Pourriez-vous me dire à quelle heure passe *l'homme qui apporte les lettres* ?
– Vous voulez dire le facteur ? Il passe vers midi. »

« On l'achète pour circuler dans le métro, qu'est-ce que c'est ?
– Un ticket. »

• Utiliser la description :

« Bonjour, je voudrais *une chose pour mettre dans la machine, pour laver mes vêtements*.

– Un paquet de lessive ? Tenez, ils sont là-bas, au bout du rayon. »

• Utiliser des périphrases[9]

« Je ne suis pas d'accord avec… »

• Utiliser la paraphrase[10]

« Si je comprends bien ce que vous avez dit… »

---

9. Périphrase : utiliser des périphrases, c'est dire en plusieurs mots ce que l'on pourrait dire en un seul mot.
10. Paraphrase : paraphraser, c'est faire un développement explicatif, un commentaire. C'est aussi dire d'une autre façon ce qui a déjà été dit.

### ▶ Les questionnaires à choix multiple (QCM)

Un QCM à 4 choix (3 distracteurs et une bonne réponse) permet d'évaluer, par la reconnaissance, la maîtrise du vocabulaire, actif ou passif. Un exemple avec un « Bip » sonore à la place du mot manquant :

« Le bureau de Monsieur Roussel, s'il vous plaît ?

– Au bout du [Bip sonore], la dernière porte à droite ! »

1. chemin   ☐       3. couloir   ☒

2. domaine   ☐       4. terrain   ☐

## Conclusion : le lexique est en vogue

Deux grands linguistes français disposent de leurs propres émissions à la radio ou à la télévision.

Alain Rey, avec « Le mot de la fin », a longtemps clos l'émission d'information du matin sur France Inter et régale son public à la télévision sur France 2 avec son « Démo des mots ».

Bernard Cerquiglini fait de même tous les soirs sur TV5 Monde, avec son « Merci professeur ».

Les ouvrages de la lexicologue Henriette Walter sont publiés en Livre de Poche pour pouvoir être très largement diffusés.

# Chapitre 11 · La grammaire

## L'ENSEIGNEMENT DE LA GRAMMAIRE

### L'enseignement de la grammaire en approche communicative ou actionnelle

On a longtemps privilégié l'enseignement des structures morphosyntaxiques au détriment du sens qu'elles permettent de véhiculer.

Dans les méthodes SGAV, qui privilégiaient la maîtrise de l'oral, la lecture ne commençait qu'après environ 70 heures de cours (dans VIF, à la leçon 32...), les éléments formels de la langue n'étaient traités que dans une approche mécaniste (exercices structuraux). Dans VIF, l'apprentissage de la grammaire se faisait d'ailleurs dans une partie de la leçon intitulée « Mécanismes ».

L'approche communicative a privilégié la communication. Les premières générations d'apprenants formés à l'aide cette approche communiquaient remarquablement à l'oral, malgré des imperfections grammaticales, qui, pour certains, se sont ancrées.

Ce constat est à l'origine de différentes réflexions sur le traitement de la grammaire et en particulier sur :
– le traitement et l'utilisation des erreurs commises ;
– la systématisation de points de grammaire découverts en conceptualisation ;
– la fixation de ces points de grammaire et leur appropriation par les apprenants ;
– le réemploi dans une situation contextualisée, visant à l'acquisition d'une réelle compétence communicative.

Les manuels de langue qui se réclament de l'approche communicative ne s'accordent cependant pas tous sur la façon de traiter la grammaire[1]. Certains accordent une très grande place aux conceptualisations et très peu à la grammaire explicite, considérant que ce qui est découvert par soi-même n'a pas besoin d'être mémorisé pour être acquis ; d'autres, à l'opposé, privilégient l'étude de solides bases grammaticales sur lesquelles l'apprenant bâtira sa compétence communicative.

Le juste milieu serait de tenir compte à la fois :
– de l'intérêt de faire découvrir par soi-même le fonctionnement de la langue et de pouvoir en parler ;

---

1. BERARD, E., *op. cit.* pp. 77-78 et BESSE, H., PORQUIER, R. *Grammaire et didactique des langues*, coll. LAL, Hatier, Paris, 1984.

– de la prise en compte du fait que chaque apprenant a ses habitudes de travail et de réflexion et que si, pour certains d'entre eux, la découverte est un stimulant intellectuel, pour d'autres, elle sera la source de blocages et de désarroi. Ces derniers apprécieront la grammaire explicite.

## Le traitement et l'utilisation des erreurs : la pédagogie de l'erreur

Les erreurs font partie intégrante de l'apprentissage. Elles sont la preuve que le système linguistique fonctionne, se met en place. Lorsque l'apprenant produit une erreur, il fait fonctionner son interlangue. L'erreur reflète une compétence linguistique transitoire, elle correspond à une tentative de communication correcte. L'apprenant connaît une structure et essaye de la produire dans un contexte différent de celui dans lequel il l'a rencontrée une première fois. La tentative peut réussir, si le schéma linguistique s'y prête, elle peut également échouer et, dans ce cas, la production est fautive.

Deux cas peuvent se produire :
– la structure est connue et elle a déjà fait l'objet d'une conceptualisation. Cela ne signifie pas qu'elle est acquise ni maîtrisée. C'est l'occasion pour l'enseignant de noter qu'il devra retravailler cette structure, jusqu'à ce que les apprenants se l'approprient ;
– la structure est inconnue mais nécessaire à l'expression de ce que l'apprenant a l'intention de communiquer. L'enseignant la fournit, sachant qu'il devra plus tard y revenir.

### ▸ Le traitement des erreurs produites à l'oral

Lors des productions orales, guidées ou libres, la tentation est forte de vouloir corriger les erreurs en interrompant l'apprenant qui a pris la parole. Si l'objectif de l'enseignant est de faire produire des énoncés dans une situation de communication donnée, par exemple au cours d'un jeu de rôle ou d'une simulation, il faut noter mentalement la structure fautive, sans interrompre la production. On demandera aux autres apprenants s'ils ont repéré des erreurs, puis on corrigera en différé.

En revanche, si l'objectif de l'enseignant est de faire réaliser une activité de type linguistique, il s'attend à des productions correctes. Si une erreur survient, il la corrigera sur-le-champ ou demandera aux autres apprenants de la corriger.

Selon l'objectif de l'enseignant, les erreurs produites à l'oral feront donc l'objet d'une correction immédiate ou en différé.

### ▸ Quelle démarche adopter pour corriger ?

Il est important que l'apprenant comprenne qu'il est normal de se tromper et que c'est en se trompant qu'il progressera.

Il faut par conséquent :

• Éviter de corriger « à chaud ».

• Donner toujours à l'apprenant l'occasion de se corriger lui-même, en lui signifiant par un signe qu'il a commis une erreur.

• Si l'apprenant n'y arrive pas, solliciter les autres apprenants.

• Ne donner soi-même la correction que si personne ne la trouve.

• Montrer que l'énoncé, incorrect dans la situation où il a été produit, pourrait être correct dans une autre situation et expliquer ainsi à l'apprenant qu'il a eu raison d'essayer de le produire.

• Dans le cas d'une structure supposée connue, faire faire un ou plusieurs micro-dialogues de réemploi et de fixation.

• Dans le cas d'une structure inconnue, faire réaliser, à un autre moment, une conceptualisation.

### ▶ Quel traitement appliquer à quel type d'erreur ?

• Erreurs de type linguistique : micro-dialogues, conceptualisations.

• Erreurs de type phonétique : voir les propositions de correction phonétique.

• Erreurs de type communicatif (registre de langue inapproprié, « tu » au lieu de « vous »…) : faire préciser la situation de communication et le statut des interlocuteurs.

• Erreur de type discursif (absence ou mélange d'articulateurs…) : faire reformuler en demandant de structurer le discours, proposer éventuellement une liste d'articulateurs à utiliser.

• Erreur de type stratégique (manque d'à propos, manque d'outils linguistiques permettant de dire que l'on n'a pas compris…) : faire acquérir les outils minimaux dès le début de l'apprentissage.

### ▶ Le traitement des erreurs à l'écrit

Lors des productions écrites, l'apprenant a plus de temps pour réfléchir à la correction de ce qu'il écrit. Il peut également travailler en groupe et demander de l'aide aux autres apprenants ou à l'enseignant. Il peut se servir d'un dictionnaire, d'un guide des conjugaisons, de ses notes.

Certains énoncés fautifs, qui ne seraient même pas relevés à l'oral, ne peuvent passer le cap de l'écrit. La grammaire de l'oral (comme par exemple, l'omission de la première partie de la négation, le « ne », dans des énoncés du type « Je comprends pas ») n'est pas transposable à l'écrit. L'écrit est beaucoup plus exigeant, car c'est par l'écrit que se structurent et se visualisent les structures et le lexique.

### ▶ Quelle démarche adopter pour corriger ?

• Former les apprenants à l'autocorrection. Faire en sorte qu'ils connaissent les questions à se poser lors de la relecture de leur production (et qu'ils se les posent réellement...) : vérifier les accords de genre et de nombre, vérifier la correction des temps employés, vérifier le registre de langue, la cohésion des phrases, la cohérence de la structuration...

• Pratiquer aussi souvent que possible la correction collective et sélective (facilitée si les productions sont écrites sur des transparents et projetées à la classe au rétro-projecteur) : examiner les uns après les autres les accords, les verbes, le lexique, la cohésion, la cohérence.

• Proposer des activités de conceptualisation, de systématisation et de réemploi.

## La conceptualisation grammaticale

C'est l'activité qui caractérise l'approche communicative.

Son mode de fonctionnement et son objectif doivent être décrits par l'enseignant lors du contrat d'apprentissage.

Elle sollicite des capacités intellectuelles médianes et supérieures : analyse, réflexion, déduction, synthèse.

### ▶ Principes

Cette activité se fait de préférence « à chaud », au moment où le besoin s'en fait sentir ou peut se prévoir.

• Examen ou écoute d'un corpus présentant un fait linguistique ou une structure dont on souhaite faire découvrir le fonctionnement.

• Le travail se fait en petit groupe de trois ou quatre personnes. L'enseignant passe dans les groupes pour guider la réflexion et vérifier que la consigne est bien comprise.

• Le groupe désigne un rapporteur.

• L'examen est guidé par des consignes précises, explicites et très claires. Par exemple : « Examinez le mot qui précède immédiatement la structure à analyser et tirez vos propres conclusions. Pourquoi, à votre avis, ce mot n'est-il pas toujours le même ? Cherchez une explication. Repérez ce qui diffère du fonctionnement de cette même structure dans votre langue. »

• La démarche est guidée par l'enseignant.

• Les explications des rapporteurs seront discutées.

• La meilleure explication constituera la « règle » de fonctionnement de la structure et cela jusqu'à la preuve du contraire, qui pourra intervenir quelques séances plus tard, grâce à la fameuse « exception qui confirme la règle ». On élaborera ainsi peu à peu la grammaire vivante de la classe, découverte par les apprenants.

## La systématisation

Il s'agit d'amener les apprenants à faire le point sur ce qu'ils connaissent du fonctionnement d'un fait linguistique, selon qu'ils l'ont rencontré dans un document authentique ou qu'ils en aient fait une conceptualisation au cours des séances précédentes.

Différents types d'exercices peuvent être utilisés pour cela, toujours contextualisés, pour que la grammaire soit au service de la communication et non l'inverse :
— choix multiples ;
— compléter un tableau synthétique récapitulant le mode fonctionnement d'une structure ;
— reformulation des règles découvertes...

## L'appropriation et la fixation

On utilisera aussi souvent que possible des micro-dialogues modèles, dont les schémas ont la particularité de :
— faire pratiquer une structure de façon intensive, mais en situation de communication ;
— permettre l'intervention de l'apprenant sur le lexique et le thème dans lequel la structure est contextualisée ;
— privilégier l'emploi de la structure à fixer.

# LES ACTIVITÉS DE GRAMMAIRE

Les activités de grammaire sont transversales à toutes les autres activités. On peut cependant distinguer celles :
— qui font plus appel à des capacités de type traditionnel, comme l'explication grammaticale donnée par l'enseignant, puis la mémorisation, la compréhension et l'application des règles (grammaire explicite),
— de celles où aucune explication n'est donnée par l'enseignant, où l'apprenant va être confronté à des exercices de type structural (grammaire implicite),
— ou de celles qui sollicitent les capacités médianes et supérieures, comme l'analyse et la synthèse et où la grammaire se découvre et s'apprend dans des activités de réflexion sur le fonctionnement de la langue et la conceptualisation de règles provisoires (démarche inductive).

## ▶ Les exercices structuraux de substitution et de transformation

Ils ont été jusque dans les années 1979-1980 et même plus tard les instruments privilégiés pour la fixation des structures morphosyntaxiques. Leur objectif était de faire acquérir la maîtrise d'une structure par la mise en place d'automatismes créés par la répétition de transformations structurales, à partir d'un modèle unique proposé au début de l'exercice. (Que voulez-vous ? → Je vous demande ce que vous voulez. – Que dites-vous ? → Je vous demande ce que vous dites. – Que faites-vous ? → Je vous demande ce que vous faites. Etc.) On sait que les apprenants, imbattables sur les transformations, étaient incapables de mobiliser la structure en question lorsqu'ils en avaient besoin en situation.

## ▶ Les exercices lacunaires

Mieux connus sous le nom d'exercices « à trous », ils continuent à être appliqués, au mépris de toute situation de communication, le plus souvent avec les consignes suivantes :
– Complétez en mettant le verbe entre parenthèses au temps convenable.
– Complétez avec les relatifs, les prépositions, les articles, les possessifs... qui conviennent.

## ▶ Les exercices lacunaires en situation

– Marie-Ange, 35 ans, cadre administratif, féministe : « J'affirme que l'homme (devoir) .......... partager les tâches ménagères. »
– Jacques, 25 ans, étudiant en psychologie, idéaliste : « je souhaite que tout le monde (pouvoir) .......... trouver le bonheur sur terre. »

## ▶ Les exercices de transformation

Il peut s'agir de la réécriture d'une phrase dans un registre différent :
– Vous savez ce que je pense ? → Savez-vous ce que je pense ?
– T'as pas l'heure ? → Auriez-vous l'heure ?

## ▶ Les exercices de reconnaissance

Il peut s'agir de déterminer le rôle et le statut des interlocuteurs, en fonction par exemple de leur registre de langue :
– Je n'ai pas pu faire mon devoir, on m'a piqué mes affaires (un élève à son professeur).
– Deux cafés et l'addition (un client au serveur).

Ou encore de reconnaître, dans les écrits, les formes morphosyntaxiques qui permettent de déterminer l'énonciateur et les destinataires d'un message.
Est-ce un homme ou une femme qui reçoit le message suivant ?
– Chère Dominique, je t'ai appelée hier soir mais tu n'étais pas là. Je serai désolé si tu ne pouvais pas te joindre à nous pour mon anniversaire. Claude.

# Fiche 13      Conceptualisation grammaticale

# Niveau : à partir de A2

### Objectif
Faire comprendre le fonctionnement de l'article partitif.

### Support
Un corpus élaboré par l'enseignant (une recette de cuisine) comportant des articles indéfinis et des partitifs.

### Démarche
Présentation du corpus (une photocopie par personne).

### Consigne
Lisez la recette et observez la liste des ingrédients. Entourez le déterminant qui précède immédiatement l'ingrédient. Exemple : (de la) viande.

Travaillez en groupes de trois et choisissez un rapporteur. Dans dix minutes, les rapporteurs proposeront une explication à la question suivante : « Pourquoi le déterminant n'est-il pas toujours le même ? »

---

**Recette du pot-au-feu**

Pour préparer cette recette d'hiver, il vous faut :

| | |
|---|---|
| • De la viande de bœuf | • Du poivre |
| • Un oignon | • Du persil |
| • Du gros sel | • Six poireaux |
| • Un os à moelle | • Un navet |
| • Une carotte | • Huit pommes de terre |
| • De l'eau bouillante | • Du thym |

Il vous faut aussi du temps et du courage !

---

Au bout du temps imparti, chaque rapporteur présente l'explication trouvée par son groupe.

L'explication la plus pertinente sera celle qui satisfait le mieux le groupe classe. On l'officialisera par écrit pour pouvoir y faire plus tard référence.

Cette nouvelle « règle » de grammaire, qui explique à ce moment donné le fonctionnement des articles partitifs, vient s'ajouter aux autres règles découvertes lors de conceptualisations antérieures et intègre la « grammaire vivante » de la classe.

Au niveau A1, les apprenants trouveront sans doute ce type d'explication :
– Si on peut compter l'ingrédient (oignons, os, carotte, poireau, navet, pomme de terre), on utilise « un », « une » ou un nombre.

– Si on ne peut pas compter (viande, eau, sel, persil, thym, temps, courage), on utilise, selon le genre féminin ou masculin de l'ingrédient : « du, de la, de l'».

C'est une explication traditionnelle et, à ce stade, on l'acceptera. Cependant on veillera, dès qu'un exemple viendra infirmer cette règle, à proposer une nouvelle conceptualisation sur le même sujet, en ayant inclus dans le corpus des formes telles que :

– Le sel de Guérande est **un** sel délicieux.

– Cela m'a pris **un** temps fou !

– Elle a eu **un** courage exemplaire.

L'explication complète montrera que tout nom français peut apparaître avec ou sans partitif, selon ce qui est exprimé :

– Il aime **le** pain (en général).

– Il mange **du** pain (partitif : une partie d'un tout).

– Il préfère **un** pain pas trop cuit (caractérisé par « pas trop cuit »).

– Elle admire **le** courage.

– Dans cette affaire elle a montré **du** courage.

– Elle a **un** certain courage.

Le partitif ne sert pas à indiquer ce qui est comptable, mais seulement la partie de quelque chose (de concret ou d'abstrait), qui est prélevée sur un tout[2].

---

2. ARRIVE, M., GADET, F., GALMICHE, M., *La grammaire d'aujourd'hui*, Flammarion, Paris, 1986.

# Fiche 14   Appropriation et fixation/les micro-dialogues

# Niveau : à partir de A1

### Objectif

Fixer une structure grammaticale déjà conceptualisée.

### Support

Différents micro-dialogues élaborés par l'enseignant.

### Démarche

Cette activité peut avoir lieu, soit lors de la correction différée d'une erreur produite à l'oral, soit lorsque l'enseignant constate des erreurs sur une structure qui devrait être acquise, soit enfin après une conceptualisation.

L'enseignant propose un micro-dialogue contextualisé dans une situation de communication et comportant la structure qu'il souhaite fixer (4 à 6 répliques en phrases courtes et simples). Il l'écrit au tableau.

Les apprenants le jouent en tandem et le mémorisent.

L'enseignant demande alors des propositions de changement de la situation de communication. Pour chaque proposition, on examine si la structure subit ou non des transformations.

Les nouveaux micro-dialogues seront à leur tour mémorisés et joués. Ils serviront de dialogues de référence si jamais l'erreur se produit à nouveau au cours d'activités de production orale.

### Exemple

Dialogue modèle destiné à fixer la conjugaison du verbe « avoir », souvent confondu, au début de l'apprentissage, avec le verbe « être » à cause de l'homophonie entre les formes « j'ai » [ʒɛ], « tu es » [ty ɛ] et « il/elle/on est » [il, ɛl, ɔ̃ ɛ].

> – Dis-moi, Angèle ? Tu es française ?
> – Oui, mais j'ai un père anglais.
> – Et ta mère ? Elle est anglaise aussi ?
> – Non, non, elle est française, comme moi.

Dans les modifications, les apprenants peuvent choisir de faire varier les nationalités, en les remplaçant par des professions, des traits de caractère, des caractéristiques physiques, selon le lexique dont ils disposent.

# Chapitre 12 | La civilisation, la culture, le socioculturel, l'interculturel

Avant les méthodes SGAV, « culture » et « civilisation » ont recouvert les mêmes pratiques. En effet la culture, *ensemble de caractéristiques propres à une société donnée, se trouve directement impliquée dans chaque système linguistique, mais c'est encore au terme « civilisation » (qui ne satisfait pourtant presque personne) qu'on a généralement recours pour dénoter « culture »*[1].

Les manuels n'abordaient ces aspects que très tard dans l'apprentissage, en fin de cursus, avec le but explicite de donner aux apprenants des « informations » et des connaissances sur le pays cible, sans aucune perspective comparatiste : histoire du pays et de ses idées, histoire de ses institutions, histoire culturelle et artistique, présentation des grands monuments. On considérait qu'il fallait d'abord savoir parler et écrire correctement avant d'aborder la « civilisation ».

Or, l'enseignant, à travers la langue qu'il enseigne, met en permanence les apprenants au contact des faits historiques, sociologiques et ethnolinguistiques. Enseigner une langue, ce n'est pas seulement apprendre à communiquer : par leur histoire et leur étymologie, les mots mêmes que l'on emploie, les structures, les expressions véhiculent un passé, une histoire, une civilisation.

## L'approche interculturelle

Par la suite, dans les années 1970[2], on s'est attaché à élaborer des dossiers de civilisation thématiques, tels que la famille, l'école, les loisirs, le travail, les relations entre les jeunes et les adultes, le chômage, la place des femmes dans la société, etc.

Ces dossiers permettaient une réflexion sur les phénomènes sociaux (religieux, politiques, moraux, esthétiques...) et les comportements (conduites sociales, croyances, pratiques intellectuelles...) des locuteurs du pays cible.

---

1. GALISSON, R., COSTE, D., *op. cit.*, p. 137.
2. Cette réflexion est née des travaux du Conseil de l'Europe, qui, dans les années 1970, s'est préoccupé de la place faite à la langue et à la culture d'origine des migrants et de leurs enfants lors de leur installation dans le pays d'accueil. En didactique des langues, la culture d'origine des apprenants, migrants ou non, a commencé à être prise en compte dès l'introduction systématique des documents authentiques.

De cette réflexion pouvait découler une comparaison avec les mêmes phénomènes ou comportements existants dans le pays des apprenants. Une approche sociologique et interculturelle était privilégiée.

L'introduction de documents authentiques, sonores ou visuels, et la recommandation de les étudier en privilégiant la comparaison interculturelle a engagé une nouvelle réflexion. Ceux-ci, en effet, ne relevaient plus de la « culture cultivée » (qui traite de l'art et de la littérature), ou d'une « culture historique »[3], mais d'autres domaines, ceux de la « culture médiatique » et de la « culture anthropologique »[4] qui, touchant les manières de vivre des français, se prêtaient particulièrement bien à la comparaison.

Mais *l'évocation d'une dimension « interculturelle » ou « comparative » dans le discours des auteurs ne suffit pas. Il faut que cette préoccupation soit traduite dans la réalité de la démarche d'enseignement.*[5]

Lorsqu'on aborde, en classe, les pratiques socioculturelles de communautés différentes, le choix des contenus véhiculés par les documents authentiques n'est pas neutre et doit faire, on le comprend aisément, l'objet d'un soin particulier.

L'enseignant privilégiera ceux qui permettent une démarche analytique comparative, en veillant à ce qu'aucun ne puisse choquer des apprenants qui ont des pratiques radicalement différentes. On dosera l'apport d'information de type « culture cultivée » et celles de type « culture médiatico-anthropologique », représentatives de la réalité culturelle française et francophone.

La découverte de la culture cible fera l'objet d'un travail de réflexion appréciative et commentée, où interviendra sans cesse le « je » authentique, dans des prises de position orales qui ne feront pas uniquement état de connaissances sur la culture étrangère, mais permettront à l'apprenant de communiquer ce qu'il pense de cette nouvelle culture et en quoi elle diffère ou se rapproche de la sienne.

La question de l'évaluation de la compétence culturelle est traitée sous toutes ses composantes socioculturelles par une auteure québecoise, Denise Lussier, qui a, à cet effet, élaboré un référentiel exhaustif sur ce sujet.[6]

---

3. PORCHER, L., 1995.
4. *Ibid.*
5. ZARATE, G. *Représentation de l'étranger en didactique des langues*, coll. Essais, CREDIF-Didier, 1993, p. 67.
6. LUSSIER, D., *Évaluer les apprentissages dans une approche communicative*, Hachette, 1992.

# Fiche 15 {La fête de Pâques[7]}

# Niveau : à partir de B1

### Objectifs

- Comprendre la raison des fêtes religieuses en France.
- Faire des comparaisons avec les fêtes religieuses dans son pays.

### INFOS

**Nombre de croyants en France** (chiffres de 1990)[8]

| | |
|---|---|
| Chrétiens catholiques | env. 40 000 000 |
| Musulmans | 4 500 000 |
| Juifs | 800 000 |
| Chrétiens protestants | 700 000 |
| Bouddhistes | 600 000 |

En France, les fêtes religieuses marquées par des jours de congés sont toutes des fêtes catholiques.

### LA FÊTE DE PÂQUES

Elle a été fixée en l'an 325 au premier dimanche après la pleine lune qui a lieu soit le jour de l'équinoxe de printemps (21 mars), soit aussitôt après cette date. Pâques est donc au plus tôt le 22 mars. Si la pleine lune tombe le 20 mars, la suivante sera le 18 avril (29 jours plus tard). Si ce jour est un dimanche, Pâques sera le 25 avril. Ainsi la fête de Pâques oscille entre le 22 mars et le 25 avril, et de sa date dépendent les autres fêtes mobiles :
– les Rameaux : 7 jours avant Pâques,
– l'Ascension : 40 jours après,
– la Pentecôte : 10 jours après l'Ascension.

En France et dans les autres pays européens les cloches ne sonnent pas du Vendredi Saint au Dimanche de Pâques. Une légende dit que les cloches se rendent à Rome où elles se chargent d'œufs de Pâques qu'elles répandent à leur retour dans les jardins. Les enfants n'ont alors plus qu'à les chercher. Depuis la nuit des temps, une mystérieuse chasse aux trésors s'organise au petit matin de Pâques : les enfants et les adultes gourmands se ruent dans les jardins, à la recherche des œufs, cloches, cocottes, lièvres et autres gourmandises en chocolat.

---

7. D'après DESTARAC, C., *Une année en France*, CLE International, Paris, 1990, pp. 22-23.
8. http://www.portail-religion.com/FR/dossier/Pays/France/index.php

*Démarche*

Par une série de questions, l'enseignant fera découvrir cette réalité culturelle française qui a trait aux fêtes religieuses en général et à la fête de Pâques en particulier.

Par exemple :

– Pour quelle raison la date de la fête de Pâques est-elle importante ?

– Dans votre pays, fête-t-on Pâques ?

– Y a-t-il des traditions différentes dans les autres pays (par exemple, en Allemagne, c'est un lapin blanc qui cache les œufs).

– Dans votre pays, les jours de congés correspondent-ils généralement à des fêtes religieuses ?

# Fiche 16

## Dis-moi comment tu payes, je te dirai qui tu es

# Niveau : à partir de A1

*Objectifs :*

- Étude comparée des habitudes de paiement.
- Être capable de défendre sommairement un point de vue.

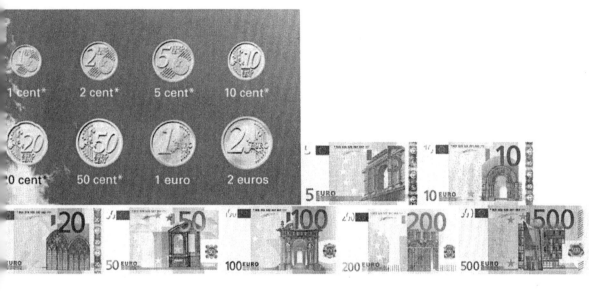

### Démarche et modalités de travail

L'objectif étant à la fois linguistique et civilisationnel, les modalités de travail peuvent varier : petits groupes, tandems, triades, avec désignation d'un rapporteur.

- Manipulation, si possible, de cartes de crédit, de chèques et d'argent liquide.

- Discussion, en grand groupe, sur les avantages et les inconvénients de ces différents moyens de paiement.

- Comparaison avec les moyens de paiement privilégiés dans les pays des apprenants.

- Distribution d'un questionnaire comportant différents achats à faire : un téléviseur, un kilo de carottes, la liste des courses de la semaine, un carnet de timbres, etc. et laissant le choix sur le mode de paiement. Les réponses seront justifiées.

• Apport d'informations et discussions sur l'âge minimum pour être détenteur d'un compte en banque, d'une carte bancaire, d'un carnet de chèques. Quels sont les avantages et les dangers éventuels de cette possibilité accordée aux jeunes ?

# Chapitre 1 | La littérature

## La place du texte littéraire dans le cours de langue

Longtemps reléguée à la fin des études de fle, qu'elle venait en quelque sorte couronner, la littérature n'a pas toujours fait bon ménage avec la didactique : la priorité absolue accordée à l'oral par les premières méthodes SGAV, la préférence attribuée à de l'écrit en situation proche des besoins de communication immédiate, le souci de développer des compétences fonctionnelles, voire professionnelles, en langue étrangère… tout cela explique que les textes littéraires aient été délaissés au profit des documents dits authentiques, à l'écriture moins marquée. Pour reprendre une distinction célèbre de Roland Barthes, les œuvres d'écrivains ont cédé le pas aux productions d'*écrivants*.

Le débat est aujourd'hui moins vif, et même les manuels les moins novateurs n'hésitent plus à introduire dès le début de l'apprentissage poèmes ou petits textes d'auteurs, sans toujours leur assigner une place ou une fonction bien précises. Ils sont souvent l'occasion de travailler une structure syntaxique, ou d'identifier des phonèmes, de travailler certaines intonations, ou tout simplement, d'aménager une récréation esthétique, une pause pour le confort et le plaisir de l'apprenant qui sait qu'une bonne maîtrise de la langue lui ouvrira la porte des écrivains français et francophones.

Aussi se propose-t-on aujourd'hui moins de donner des modèles littéraires à imiter que de parvenir à repérer le texte littéraire parmi la masse des discours écrits, ce que l'apprenant fait sans effort dans sa langue maternelle.

## Le statut du texte littéraire

Les processus de lecture et de compréhension, voire certains types d'exploitation de documents écrits peuvent s'appliquer aisément au texte littéraire.

Celui-ci a néanmoins un statut différent. Par-delà la quête du sens, il faudra faire dégager ce qui en fait la spécification linguistique et culturelle, il faudra cerner la *littéralité*.

La méthodologie dépendra essentiellement :
– de la nature du texte (prose ou poésie) ;
– du genre littéraire auquel il se rattache : récit romanesque, nouvelle, roman, théâtre, poésie ;
– des dimensions du texte et de son degré de complétude : texte intégral ou extrait.

## La lecture de textes longs

On distinguera deux types de produits.

– **Les textes en français « facile »**[1] : il s'agit de grandes œuvres « mises à la portée » de l'apprenant de deux façons différentes, soit par une réécriture du texte original à l'aide du lexique du français « fondamental », ce qui revient à gommer l'intérêt littéraire, soit de textes littéraires spécialement écrits par des auteurs contemporains à l'intention des publics d'apprenants, en s'adaptant, dans un texte original, aux compétences linguistiques des lecteurs. Cette seconde solution est loin la plus intéressante puisqu'elle permet d'analyser le texte intégral.

– **Les œuvres authentiques et intégrales** d'auteurs français ou francophones : la formule est encore plus séduisante, mais le choix des textes se trouve limité du fait de la longueur ou de la difficulté de la langue littéraire. Si l'étude d'un roman, dans son intégralité, est exclu en classe de langue, on peut en revanche s'intéresser aux contes ou aux nouvelles qui, par leur caractère très condensé, offrent des perspectives intéressantes. Il en va de même pour les recueils de saynètes destinées à être jouées.

Les textes longs doivent permettre de dépasser le stade de la lecture scolaire où le décodage laborieux du sens prive le lecteur du plaisir du texte, fait de connivences et d'identifications.

Jean Peytard[2] distingue les difficultés majeures qu'un apprenant peut rencontrer à la lecture d'un texte littéraire :

• Difficulté à pénétrer les réseaux connotatifs, par manque de connaissances socioculturelles, d'une *connaissance affinée du fonctionnement de la langue et de la diversité des champs socioculturels.*

• Difficulté à décoder l'implicite.

• Difficulté à situer le texte dans son intertexte (rapport entre l'œuvre et celles qui ont précédé ou suivi).

• Difficulté à se situer dans l'institution littéraire d'où est tiré le texte.

Pour faire de l'apprenant un lecteur actif qui ne se décourage pas, on l'entraînera à appliquer dans ses lectures la démarche suivante :

• Une pré-lecture : aborder le texte comme un objet à lire, de l'extérieur vers l'intérieur, en examinant la couverture et ses éventuelles illustrations, la quatrième de couverture et son résumé éventuel.

---

1. Les maisons d'édition disposent toutes de collections d'ouvrages littéraires en français dit « facile ».
2. Numéro spécial du *Français dans le monde*, « Littérature et enseignement », février-mars 1988.

• Un repérage d'indices formels : les noms propres des personnages et des lieux, l'alternance de dialogues et de descriptions, la répétition de certains mots,...

• La compréhension de la situation initiale : qui, où, quoi ? L'ouverture du texte en situe généralement les enjeux. Les premiers mots d'une nouvelle ou d'un roman permettent de faire des hypothèses.

• La formulation d'hypothèses au fur et à mesure de la lecture et leur vérification permanente.

L'apprenant doit cependant rester libre de circuler comme bon lui semble dans le texte, soit pour aller vérifier une hypothèse, soit pour sauter une description qu'il trouve trop longue et ennuyeuse...

## Vers une compétence littéraire

S'ils présentent un intérêt pédagogique évident, notamment pour l'expression orale et écrite, ces travaux de post-lecture permettent aussi aux apprenants de se doter d'une certaine compétence littéraire. La compétence lecticielle est la source directe de la compétence littéraire, les deux alimentant directement la compétence culturelle. Concentré de langue et de civilisation, le texte littéraire est également un outil de comparaison interculturelle.

Mais c'est au lecteur que revient le dernier mot : *Un livre n'est pas un sens tout fait, une révélation que nous avons à subir, c'est une réserve de formes qui attendent leur sens*[3].

---

3. Genette, G.

# Fiche 17        Analyse d'un texte poétique[4]

# Niveau : à partir de A2

**Support :** un poème de Jacques Prévert[5].

Prévert est un auteur que les enseignants aiment utiliser, tant en langue mater-nelle qu'étrangère, grâce à la modernité de son style et à sa simplicité apparente, qui cache un humour souvent grinçant. La forme de ce poème – le récit d'un fait divers – est très représentative de son écriture : une juxtaposition d'actions, renforcée par la répétition des formes syntaxiques.

---

**Le message**

1. La porte que quelqu'un a ouverte
2. La porte que quelqu'un a refermée
3. La chaise où quelqu'un s'est assis
4. Le chat que quelqu'un a caressé
5. Le fruit que quelqu'un a mordu
6. La lettre que quelqu'un a lue
7. La chaise que quelqu'un a renversée
8. La porte que quelqu'un a ouverte
9. La route où quelqu'un court encore
10. Le bois que quelqu'un traverse
11. La rivière où quelqu'un se jette
12. L'hôpital où quelqu'un est mort.

Jacques PREVERT, « Le Message », *Paroles*, © Gallimard, 1946.

---

## Démarche
Lecture silencieuse individuelle, suivie d'une lecture expressive par l'enseignant où de l'écoute du poème enregistré.

## Compréhension
Quelle impression laisse la lecture de ce poème ?
Comment peut-on raconter l'histoire en deux phrases ?
– Une personne rentre chez elle et s'installe tranquillement.
– La lecture d'une lettre la bouleverse tellement qu'elle court se noyer dans la rivière.
On pourra faire lire le texte à haute voix, en demandant une lecture très lente au départ, avec une accélération et une chute, qui traduit le désarroi final.

## Analyse formelle
– faire identifier la structure syntaxique ;
– relever le sujet de l'action : quelqu'un ;
– noter l'accumulation des verbes au passé composé (qui souligne l'aspect discontinu et inachevé du récit), puis, à partir du vers 9, le passage au présent

---

4. Fiche établie d'après Paule Kassis, *La poésie*, CLE International, coll. Techniques de classe, 1993.
5. PREVERT, J., *Paroles*, Gallimard, 1946.

(l'action en cours) qui accélère le mouvement et donne une impression de précipitation pour mener à la chute finale ;
– faire observer la forme du texte : une seule strophe de 12 vers libres sans ponctuation, à l'exception du point final qui marque la mort de l'acteur ;
– relier le vers central (6) au titre (le message / la lettre) ;
– s'interroger sur le vers 8 qui reprend apparemment le premier, mais en fait, désigne un mouvement inverse (entrée pour le vers 1 et sortie ici).

### Exploitation

• Faire formuler des hypothèses sur le contenu du message, de la lettre qui a déclenché le drame. Selon le niveau des apprenants, on pourra faire rédiger la lettre en petits groupes, avec mise en commun et discussion.
• Faire raconter l'histoire oralement en ajoutant des détails (il est six heures du soir, la nuit tombe, etc.).
• Demander à la classe de mettre le poème en scène.
• Selon le niveau, demander de rédiger un fait divers, ou un courriel racontant le drame.

# Fiche 18      Analyse d'un texte littéraire narratif

# Niveau : à partir de B1

**Support :** un extrait du roman *L'Étranger*, d'Albert Camus[6].

> Le soir, Marie est venue me chercher et m'a demandé si je voulais me marier avec elle. J'ai dit que cela m'était égal et que nous pourrions le faire si elle le voulait. Elle a voulu alors savoir si je l'aimais. J'ai répondu comme je l'avais déjà fait une fois, que cela ne signifiait rien mais que sans doute je ne l'aimais pas. « Pourquoi m'épouser alors ? » a-t-elle dit. Je lui ai expliqué que cela n'avait aucune importance et que si elle le désirait, nous pouvions nous marier... Elle a observé alors que le mariage était une chose grave. J'ai répondu « Non ». Elle s'est tue un moment et elle m'a regardé en silence. Puis elle a parlé... Elle s'est demandé alors si elle m'aimait et moi, je ne pouvais rien savoir sur ce point. Après un moment de silence, elle a murmuré que j'étais bizarre, qu'elle m'aimait sans doute à cause de cela... et elle a déclaré qu'elle voulait se marier avec moi.
>
> J'ai répondu que nous le ferions dès qu'elle le voudrait. Je lui ai parlé de la proposition du patron et Marie m'a dit qu'elle aimerait connaître Paris. Je lui ai appris que j'y avais vécu dans un temps et elle m'a demandé comment c'était. Je lui ai dit : « C'est sale. Il y a des pigeons et des cours noires... »
>
> Albert Camus, *L'Étranger*, © Gallimard, Paris, 1942.

### Démarche

L'impression générale après une lecture silencieuse individuelle. Elle peut être définie par une série d'adjectifs, qui seront notés au tableau. Exemples fréquents : « triste, sombre, glauque ».

#### Le repérage d'indices

Une première lecture fera apparaître l'importance du discours rapporté (verbe déclaratif suivi d'une proposition complétive introduite par « que » ou « si »). Seules exceptions : la première phrase, le passage central (depuis « J'ai répondu "Non"» jusqu'à « puis elle a parlé ») et la dernière phrase, où l'on retrouve le discours direct. Ces premiers indices, que l'on se contentera, pour l'instant, de faire remarquer, viendront ultérieurement étayer l'analyse et l'interprétation du texte : toute irrégularité dans une série mérite d'être notée ; cet écart correspondant à un effet de style et à une intention particulière.

---

6. CAMUS, A., *L'Étranger*, Gallimard, 1942.

### L'étude des noms propres

Marie, Paris. Un personnage féminin et un lieu. On fera remarquer que *Marie* est un homonyme du verbe *(se) marier* au présent de l'indicatif et que ce prénom est également un anagramme du verbe *aimer*...

Explorer la piste des « actants », qui sont-ils ? L'autre personnage est un « je », anonyme. Puis, la piste « lieu » : sont-ils à Paris ? Non, mais ils projettent d'y aller et le narrateur y a déjà vécu.

### Le relevé des mots qui se répètent le plus

Deux verbes clés : *se marier* (3 occurrences + substitut par le verbe faire + synonyme « épouser ») et *aimer* (5 occurrences).

### L'étude de l'environnement de *se marier*

*... si je voulais me marier avec elle /... qu'elle voulait se marier avec moi / que nous pouvions nous marier.*

Marie veut se marier avec le narrateur et pourtant les adjectifs résultant de l'impression générale des apprenants est que le récit est « triste, sombre, glauque ». Une projection interculturelle est possible : le mariage est-il dans toutes les cultures synonyme de bonheur ?

### L'étude de l'environnement du verbe « aimer »

À l'exception du dernier paragraphe où il est employé au conditionnel, toutes les formes de ce verbe sont à l'imparfait. Les subordonnées interrogatives sont introduite par « si » et les déclaratives sont modalisés par « sans doute ».

### Axe du savoir

Marie cherche à savoir si elle est aimée mais la question est dépourvue de sens pour son partenaire : « cela ne signifiait rien, cela n'avait aucune importance ».

### L'étude des modalités appréciatives confirme cette impression :

- cela m'est égal ;
- rien ;
- je ne l'aimais pas ;
- cela n'avait aucune importance ;
- grave ;
- bizarre ;
- sale ;
- noires.

### Conclusion

Savoir ? Pouvoir ? Vouloir ?

Le narrateur refuse de se prononcer sur le *savoir* et en matière de *vouloir*, il ne prend en considération que le désir de l'autre, ou du moins ce qu'elle peut en dire.

On peut faire chercher un synonyme du qualificatif de *bizarre* (*étrange*) et, pour boucler la boucle, le rapprocher du titre de l'œuvre « L'Étranger ».

# Chapitre 14 — Les activités centrées sur des objectifs multiples : les projets et les activités de négociation, les activités ludiques

## Le projet

Centrée sur des objectifs multiples, la réalisation d'un projet commun met en jeu l'ensemble des capacités langagières : expression et compréhension écrites et orales.

Un projet commun se déroule en plusieurs étapes, la première étant l'obtention de l'adhésion de l'ensemble du groupe.

On définira ensuite le thème du projet, ses objectifs du projet, sa durée, ses limites ainsi que les modalités de travail.

Quelques propositions de projets dont les thèmes sont à débattre :
– réaliser un roman-photo ;
– organiser un débat ou une table ronde publique à l'attention des élèves d'une autre classe de même niveau ;
– élaborer une lettre vidéo à l'attention des élèves d'un autre établissement ;
– réaliser des enquêtes, des interviews, des sondages ;
– rédiger le journal de l'établissement en détournant les rubriques classiques : le bulletin météo traitera du micro-climat qui règne à l'intérieur de l'établissement, les faits divers ainsi que les actualités rendront compte de ce qui se passe en interne, on inclura les horoscopes et les bulletins de santé de membres du groupe, etc.

## Les activités de négociation

Utiles dans la préparation du projet, les deux activités suivantes peuvent être réutilisées pour toute activité exigeant une prise de position sur un sujet donné.

### ▶ Le remue-méninges *(brain storming)*

Il permet d'obtenir des informations ou des idées de façon rapide et efficace.

Une fois le thème du remue-méninges défini, les apprenants répondent à la question : « Donnez, en un minimum de temps, tout ce qui vous passe par la tête à ce sujet, sans vous soucier de la correction linguistique. Limitez vos productions à un ou deux mots. »

Tous les mots seront notés au tableau. Les apprenants seront ensuite invités à proposer un classement, de façon à regrouper certaines idées, en éliminer, à négocier pour garder leurs propositions, etc.

### ▶ La sélection qualitative (Q. Sort)

Les apprenants sont invités à classer individuellement, en piles, des propositions préparées par l'enseignant.

Pour douze propositions, on demandera de faire cinq piles :
– Pile 1 : une seule proposition, celle à laquelle ils adhèrent totalement.
– Pile 2 : une seule proposition, celle qu'ils rejettent totalement.
– Pile 3 : trois propositions, celles avec lesquelles ils sont à peu près d'accord.
– Pile 4 : trois propositions, celles qui ne leur plaisent pas beaucoup.
– Pile 5 : les quatre propositions restantes, qu'ils considèrent donc comme neutres ou sans objet.

On analysera alors le classement, soit en prenant les propositions les unes après les autres, soit en demandant à chacun quelle est la proposition qu'il a entièrement rejetée et en le confrontant à un membre du groupe qui lui, au contraire, l'a totalement acceptée.

Une argumentation s'engagera entre apprenants qui tenteront de faire admettre leur point de vue en expliquant les raisons de l'acceptation ou du rejet.

## Les activités ludiques

L'ouvrage de Francis Debyser et Jean-Marc Caré[1] a sans doute permis aux enseignants de comprendre l'intérêt et l'utilité du jeu dans la classe de langue. Le jeu est aussi formateur que les activités dites sérieuses, puisque répondant au plaisir d'apprendre en s'amusant, son objectif final est un travail sur le linguistique.

Francis Debyser insiste sur la « fonction plaisir » liée au jeu, comme étant un facteur de motivation, à condition toutefois que les jeux pratiqués permettent de façon réellement ludique[2], de pratiquer les structures linguistiques déjà travaillées en classe. On ne peut que recommander la lecture de son ouvrage déjà classique.

---

1. *Jeu, langage et créativité*, cité en bibliographie.
2. Debyser raye de la liste du ludique les soi-disant jeux linguistiques que sont les mots croisés ou les charades.

# Fiche 19

## Le jeu des survivants

# Niveau : B1

### Objectif

Pratiquer l'expression de l'opinion et de l'argumentation pour défendre un point de vue.

### Consigne

La fin du monde est dans vingt minutes. Sept personnes sont réunies dans une pièce. Trois seulement survivront : celles qui auront donné les arguments les plus convaincants. Les sept personnes sont : un prêtre, un médecin, une femme enceinte, un enfant, un écrivain, un cuisinier, un architecte.

Répartissez-vous les rôles, désignez un rapporteur, réfléchissez et donnez vos arguments.

### Modalités de travail

Petits groupes de sept personnes.

Le rapporteur, à la fin de l'activité, viendra dire quelles sont les personnes de son groupe qui survivront en exposant leurs arguments.

# Fiche 20 — Réaliser une lettre vidéo

## Niveau : de A1 à C2

Cette fiche doit beaucoup à Micheline Maurice, qui, dans les années 1980, a inventé le concept de le « lettre vidéo » et créé le réseau Vidéo correspondance.

La lettre vidéo est la descendante de la correspondance épistolaire scolaire, qu'elle n'exclut cependant pas totalement. La caméra remplace le stylo, mais la lettre vidéo est accompagnée de productions écrites : télécopies, courriels, dossiers, colis, etc.

Il s'agit d'une production collective (sous l'œil discret mais attentif de l'enseignant), qui est la réalisation d'un projet commun en langue cible, avec parfois, l'utilisation ponctuelle de la langue 1.

Le document dure une dizaine de minutes et présente une réalité que les apprenants souhaitent faire connaître à leurs correspondants.

Plusieurs milliers de lettres vidéo ont été échangées à ce jour, elles ont été réalisées dans l'ensemble du système scolaire, de l'école primaire à l'université. Certaines ont été envoyées à l'autre bout du monde, d'autres à l'école « de la rue d'à côté ».

Elle répond à un désir de communication authentique entre apprenants et locuteurs de la langue cible et favorise, grâce aux échanges, l'acquisition de la compétence interculturelle. Elle contribue également à mettre en place un travail interdisciplinaire en y faisant contribuer aussi bien les enseignants d'histoire et de géographie que les enseignants d'art plastique et les responsables des centres documentaires.

# Chapitre 15 — Le visuel et l'audiovisuel

*Les élèves ont une connaissance des messages visuels et une familiarité à leur égard que ne possèdent pas les adultes. [...] La nouvelle génération a fait son apparition dans un univers investi par les images : celles-ci ont toujours fait partie de leur horizon culturel. Par contre, les adultes qui veulent s'intéresser sérieusement aux images sont obligés d'effectuer une véritable reconversion mentale et vivent douloureusement un processus d'acculturation. Quand les élèves d'aujourd'hui seront à leur tour devenus professeurs, le problème ne se posera plus dans les mêmes termes.*

Ainsi s'exprimait Michel Tardy en 1966[1], dans un texte merveilleusement lucide.

Les élèves d'alors sont parfois, à leur tour, devenus professeurs.

Cela signifie-t-il qu'ils savent analyser et interpréter les images dans lesquelles ils « sont tombés étant petits » ?

Dans les manuels de langue, les images utilisées comme support d'enseignement se sont radicalement transformées lors de l'introduction des méthodologies SGAV. Il a néanmoins fallu attendre les méthodes d'approche communicative avant que les images dites « authentiques » apparaissent dans les manuels.

Selon les méthodologies, de la plus ancienne à la plus récente, voici les quatre types d'images présentées :

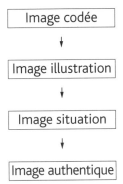

Aujourd'hui, les trois derniers types d'images cohabitent, selon l'objectif pédagogique que l'enseignant se propose de travailler.

---

1. TARDY, M., *Le professeur et les images*, PUF, Paris, 1966.

## L'image codée

On la trouve surtout dans les méthodes SGAV de première génération, comme par exemple *Voix et images de France* (1958) ou de deuxième génération, comme *Le français et la vie*, mieux connu sous le nom de « Mauger rouge », du nom de son auteur, Gaston Mauger, et de la couleur de sa couverture (1971).

La première partie de la leçon consistait, on le sait, à présenter un dialogue enregistré illustré, image par image, à l'aide d'un film fixe.

La fonction de l'image était de faire visualiser les relations entre la bande son et l'image codée, par un repérage de réalités (objets et personnages), de gestes et de mimiques et, par là même, de faire comprendre le sens du dialogue et de saisir les structures nouvelles.

L'image elle-même était donc totalement dépouillée, sans décors d'arrière-plan ni de contexte socioculturel. Elle interdisait la représentation de l'implicite, des intentions langagières, des concepts abstraits. Les expressions, gestes et mimiques étaient caricaturaux.

Le code se prétendait universaliste et était à dessein extrêmement simpliste, pour être compris et accepté par les élèves : une croix pour la négation, un point d'interrogation pour le questionnement, des flèches pour le mouvement, le soulignement, en gras, de la silhouette du personnage qui parle. Les énoncés étaient représentés dans des bulles.

Malgré cela, le code n'était pas toujours suffisant pour permettre l'accès au sens du dialogue et générait de fréquentes erreurs d'interprétation.

Voici un exemple, extrait de *Le français et la vie*, leçon « Au restaurant », page 210 (Hachette, 1971).

**1**

**2**

**3**

**4**

© Hatier

Dialogue enregistré :
– Garçon, nous voulons déjeuner.
– Bien monsieur. Asseyez-vous à cette table.
– Donnez-moi le menu, s'il vous plaît.
– Oh ! Je n'ai pas mes lunettes !

Un autre exemple, extrait de *Voix et images de France*, leçon 15 « Le matin », CREDIF-Didier, Paris, 1966.

© Hatier

Ajoutons un exemple d'images hypercodées, extraite d'un manuel d'apprentissage de l'allemand, *Treffpunkt Deutsch Sixième*[2], Hatier, 1981.

© Hatier

## L'image illustration

Bien que la rupture avec l'image codée ne soit pas totale, la richesse des images de *De vive voix* (1972) a ouvert la voie à une utilisation radicalement différente de la traditionnelle présentation dialogue/image fixe en simultané.

Dans *De vive voix*, l'image sert toujours à montrer des réalités (objets, personnages) mais elle fait également visualiser des situations de communication, dans leurs aspects affectif, psychologique, interactionnel, spatiotemporel.

Le contexte socioculturel est présent et les décors sont riches.

_____
2. PUREN, C., *op. cit.*, p. 362.

Le dessinateur, pour donner plus de profondeur et d'humanité aux personnages, utilise des cadrages cinématographiques : variation des angles de prise de vue, découpage en plans et séquences, plongée, contre-plongée.

Les dialogues sont beaucoup plus longs, plus réalistes. Les répliques sont chargées d'implicite et d'intentions langagières. L'image n'illustre pas directement le dialogue, même s'il est toujours possible de le présenter simultanément avec elle.

Deux des auteurs, les professeurs Marc Argaud et B. Marin, ont en 1972-1973 tenté une démarche nouvelle en proposant aux apprenants les images seules, sans la bande son[3]. Il s'agissait de faire définir, à partir de l'image, la situation de communication et d'énonciation, puis de faire produire des énoncés plausibles, respectant le statut et le rôle des interlocuteurs présents à l'image.

La richesse des énoncés produits a poussé ces enseignants à remettre en cause les procédures pédagogiques et, par voie de conséquence, la progression morphosyntaxique afin de prendre concrètement en considération les besoins d'expression des apprenants. Ils ont créé ce que l'on a appelé la nouvelle pédagogie de *De vive voix* : la recherche d'énoncés, ouvrant ainsi la voie à une approche plus communicative (cf. le *Livre de l'étudiant*, 1975 et 1976).

Dans le cas de *De vive voix*, c'est le support image qui, pour la première fois, a induit la méthodologie. Cette méthode est à ce titre exemplaire.

On comprend d'ailleurs, en comparant les images du *Français et la vie* et celles qui sont présentées ci-dessous (première leçon de *De vive voix*, page 9) que les dialogues ou les énoncés produits ne peuvent être simplistes.

*De vive voix*, p. 9, © CREDIF-Didier, Paris, 1972.

---

3. BESSE, H., *Méthodes et pratiques de manuels de langue*, coll. Essais, Didier-Crédif, 1985.

## L'image situation

Dans les méthodes SGAV de seconde génération et celles du début de l'approche communicative (*C'est le printemps*, *La Méthode orange*, *Archipel*), l'image, toujours conçue en fonction d'un dialogue, est délibérément non explicative.

*Les images de* C'est le printemps *ont été conçues et réalisées par des dessinateurs humoristiques dont la vocation n'est pas pédagogique : pas de dessin scolaire donc, mais des traits accentuant les mimiques, les gestes qui font partie intégrante du comportement. La vision caricaturale de l'humoriste est un facteur de motivation et aide l'étudiant à pénétrer dans l'univers français. La richesse de l'image, ses implicites, provoquent la discussion* (Livre du professeur, page 8).

Dans *Archipel*, l'image *présente les situations de manière globale et il n'y a pas de découpage visuel correspondant à des groupes sonores* (Introduction, page 15). L'image est le point de départ de l'explication, mais *nous n'avons pas voulu en faire le support principal de la communication.*

Les auteurs pensent que *la motivation à la pratique de la parole en classe devrait surtout passer par la création du besoin de communication à l'intérieur de la classe.*

Ce besoin sera suscité par la présentation d'images situation.

*Les images ont donc été conçues essentiellement pour véhiculer des informations de type situationnel et culturel plutôt que référentiel.*

Il est aisé de le constater en observant ci-après les images situation du dialogue d'appui de la leçon 2 de *C'est le printemps* (CLE international, 1976).

Le dialogue est très simple. Il permet une révision des acquis de la leçon 1. Cependant, son importance est extrême car la dernière image introduit, pour la première fois, l'imparfait (après plus ou moins quarante heures d'apprentissage). Par voie de conséquence, les explications données par les apprenants à la question « Pourquoi est-il à l'hôpital ? » feront surgir le besoin d'une expression au passé composé. L'introduction de l'expression au passé dans les tout débuts de l'apprentissage est révolutionnaire : pensez qu'avec *Le français et la vie*, il fallait attendre la deuxième année de cours pour aborder l'imparfait et le passé composé…

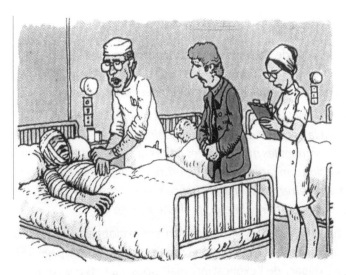

**Dialogue :**

– C'est Pierre ?

– Et oui, c'est votre ami.

– Pierre ? Tu m'entends ?
  C'est moi, André.

– *(Borborygmes)*

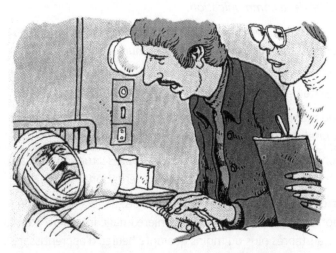

– Vous vous appelez comment ?

– *(Borborygmes)*

– Il s'appelle Pierre, Pierre Duval.

– Profession ?

– *(Borborygmes)*

– Il est serveur.

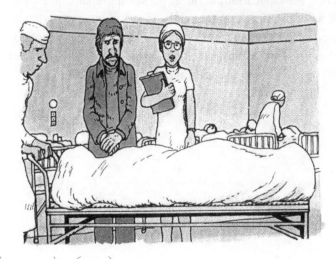

– Il était...

## L'image authentique

Accompagnée ou non de texte, son étude a fait l'objet de nombreuses publications (voir en bibliographie). Elle est aujourd'hui habituelle et présente dans les manuels en tant que support d'enseignement / découverte de la langue et de ses aspects socioculturels.

Si les méthodologues la considèrent comme un support moteur de l'enseignement, c'est qu'elle est motivante, en ce qu'elle se rapproche de la vie réelle et la fait entrer dans le lieu fermé qu'est la classe. Elle est porteuse de sens multiples et offre des possibilités d'expression orale et écrite extrêmement variées.

L'image non créée à des fins pédagogiques est devenue l'image pédagogique par excellence.

Elle apporte autant d'information que les textes, encore faut-il savoir la lire et la faire lire.

Image fixe, isolée ou associée à d'autres, image fixe accompagnée ou non d'un texte, image animée, autant d'images qui requièrent toutes une approche différente.

## Analyser et interpréter une image fixe

Les images ont une fonction ethnographique et culturelle, elles provoquent des réactions affectives, émotives, imaginatives.

On choisira celles qui peuvent donner lieu à des activités mettant en jeu les fonctions que l'on vient de citer. À titre d'exemples :
– les schémas, graphiques, tableaux, plans de villes et de quartiers ;
– les reproductions de tableaux, sculptures, photographies d'art ;
– les cartes postales anciennes et actuelles ;
– les affiches ;
– les illustrations de titres ou d'articles de journaux, revues et magazines ;
– les bandes dessinées, photo-romans, vignettes, dessins humoristiques.

En feuilletant des journaux ou des revues pour son plaisir, l'enseignant adoptera un œil critique et sélectif, analytique : « Tiens, cette image est intéressante… Je ne sais pas encore pourquoi, mais je la découpe et la classe dans mon dossier images. » Une carte postale d'une rue au début du siècle, comparée avec la photographie de la même rue telle qu'elle est aujourd'hui donnera l'idée de faire travailler les temps du passé. L'illustration d'un fait divers peut donner lieu à des activités sur la cause et la conséquence, etc. L'enseignant constituera ainsi un portefeuille d'images dont il fera un jour ou l'autre une analyse pré-pédagogique, en fonction de ses objectifs.

Nous proposons ci-dessous différents types de démarches de lecture et d'interprétation, selon que l'image est ou non accompagnée de texte[4].

| | L'IMAGE SEULE |
|---|---|
| **L'approche dénotative**, qui utilise la description | **Le support**<br>Reproduction d'un tableau, photographie, illustration…<br><br>**L'origine**<br>Elle est souvent difficile à déterminer mais elle peut donner des indications sur l'émetteur et le destinataire.<br><br>**La composition**<br>Le cadrage est centré sur un décor, un personnage, un objet.<br>La mise en page utilise ou non des techniques cinématographiques d'angle de prise de vue (plongée, contre-plongée), de grosseur de plan (plan américain, gros plan, plan moyen,…).<br>Les couleurs sont : chaudes (dominante de rouge et jaune), froides (dominante de bleu, vert et mauve), vives ou atténuées.<br><br>**La représentation**<br>On peut décrire les personnages (nombre, sexe, âge, habillement, actions, gestes, regards, etc.), les lieux, les objets et le décor. On peut indiquer clairement le rôle des personnages. |
| **La simple description de l'image ne permet pas de l'interpréter** | |
| **L'approche connotative**, qui est influencée par notre perception du monde | **La lecture contextuelle**<br>L'image d'une plage bordée de palmiers ne sera pas perçue de la même façon en plein été qu'en plein hiver. Elle sera lue différemment par les habitants d'un pays tropical ou par ceux d'un pays nordique.<br><br>**Les facteurs socioculturels**<br>La lecture est influencée par notre connaissance du sujet. La photo d'un président de la République parlera plus à un ressortissant du pays qu'il préside. L'interprétation de l'image dépend donc de l'expérience du lecteur.<br><br>**Les facteurs personnels**<br>Suivant les sensibilités individuelles ou le vécu de la personne, une image peut provoquer des réactions diverses : dégoût/plaisir, chagrin/joie, colère/enthousiasme…<br><br>**La lecture symbolique**<br>La statue de la Liberté, le coq gaulois, appartiennent à un code symbolique. La pomme est symbolique du paradis perdu pour les chrétiens.<br><br>**La notion d'indice**<br>Elle génère des énoncés sur ce qui n'est pas présent à l'image. La fumée fait parler du feu, une peau de banane sous les pieds d'un aveugle fait penser à la glissade, etc. |

4. Démarches inspirées d'une étude de LAVENNE, C. Centre de linguistique appliquée, Besançon.

| | L'IMAGE + LE TEXTE |
|---|---|
| **La forme** | Dans sa mise en forme, l'écrit utilise aussi l'image : calligraphie, typographie, grosseur des caractères, italique, capitales, etc., ponctuation, guillemets, points d'exclamations et d'interrogation, et disposition spatiale du texte. |
| **L'ancrage** | Le texte « ancre » le sens de l'image, il réduit considérablement le champ des interprétations puisqu'il n'en propose qu'une seule. Dans ce cas, il est redondant par rapport aux informations données par l'image. Il ne fait qu'appuyer son message en le répétant sous une autre forme. |
| **Le relais** | Le texte apporte d'autres informations, il identifie les lieux ou les personnages, les objets. Il est complémentaire à l'image, il ouvre le sens. |
| **Le texte, s'il permet d'accéder à un sens plus précis, réduit la polysémie de l'image.** | |

Les fonctions d'ancrage et de relais selon Barthes : *Le message linguistique guide non plus l'identification, mais l'interprétation, il constitue une sorte d'étau qui empêche les sens connotés de proliférer soit vers des régions trop individuelles (c'est-à-dire qu'il limite le pouvoir projectif de l'image), soit vers des valeurs dysphoriques ; [...]. Le texte dirige le lecteur entre les signifiés de l'image, lui en fait éviter certains et en recevoir d'autres[5]. La fonction de relais est plus rare (du moins en ce qui concerne l'image fixe) ; on la trouve surtout dans les dessins humoristiques et les bandes dessinées. Ici, la parole (le plus souvent un morceau de dialogue) et l'image sont dans un rapport complémentaire[6].*

La réduction du sens peut également s'opérer par l'adjonction d'une seconde image. C'est le montage minimal.

### LES IMAGES JUXTAPOSÉES : LE MONTAGE

Avant même les superbes montages cinématographiques de Serguei Eisenstein, un cinéaste russe du début du XXe siècle, Koulechov, avait montré que les images ne prennent un sens que les unes par rapport aux autres. C'est que l'on a appelé « l'effet Koulechov » :

En faisant suivre l'image d'un homme dont le visage n'a aucune expression particulière d'un plan sur une assiette de soupe, sur une jolie femme ou sur un enfant dans un cercueil, Lev Koulechov a montré que les spectateurs avaient successivement interprété que l'homme ressentait la faim, puis le désir, puis la tristesse. Il eu l'idée de présenter ces trois séquences à trois groupes différents.

Le premier groupe identifia une faim insupportable sur le visage de l'acteur. Le deuxième reconnut l'expression d'un désir brûlant à satisfaire, le troisième décoda l'expression d'une angoisse douloureuse.

Lev Koulechov venait de démontrer que le spectateur voyait dans une succession d'images ce qui n'avait pas existé réellement mais bien ce qu'il avait lui-même projeté.

---

5. BARTHES, R., « Rhétorique de l'image », *Communications* n° 4, Seuil, 1964, pp. 43-44.
6. *Ibid.* p. 45.

# Fiche 21

## Analyser une image
### La jeune femme

# Niveau : A2

### Objectifs

- faire découvrir deux niveaux de lecture, la dénotation et la connotation ;
- faire formuler des hypothèses ;
- montrer que la juxtaposition de deux images permet de confirmer ou d'infirmer les suppositions (de réduire le champ des interprétations possibles) et d'amorcer un récit.

### *Démarche*

L'activité se déroule en deux temps :

• Un travail sur l'image tronquée : on aura au préalable caché la partie gauche de la photographie, ne laissant voir que la photo de la jeune femme et non pas son portrait. On cachera également l'indication « Museo Picasso – Barcelona ».

• Un travail sur l'image complète.

#### L'IMAGE TRONQUÉE

Présenter une ou deux minutes la photographie tronquée et donner la consigne : « Vous devez donner le maximum d'informations concernant cette femme. Elles seront toutes écrites ensuite au tableau. Ne faites pas de phrases longues, un ou deux mots suffisent. »

Écrire toutes les productions au tableau, sans souci de classement, jusqu'à épuisement des énoncés.

Faire ensuite distinguer tout ce qui relève du *domaine des certitudes* (c'est une femme, elle a les cheveux bruns, les yeux noirs, elle a une queue de cheval, etc.) et ce qui relève du *domaine des suppositions* (elle est triste, rêveuse, elle a 20 ans, 30 ans, elle a sans doute un problème, ou elle est fatiguée, elle s'en va, elle est mannequin, etc.). Faire justifier ces énoncés.

#### L'IMAGE COMPLÈTE

Découvrir la partie cachée et demander aux élèves de la *décrire* : un portrait dans un cadre accroché au mur, il représente une femme de profil, c'est le profil gauche, etc. et d'*interpréter* ce qu'ils voient : c'est la même jeune femme, elle tourne le dos à son portrait, on dirait un Picasso, c'est normal, il est né à Barcelone, c'était peut-être sa femme, elle est triste parce qu'il est mort, etc.

Distinguer les deux domaines : description et interprétation.

Cette activité peut se poursuivre par la rédaction d'un récit, en distribuant tout d'abord une image, puis au bout de quelque temps en en distribuant une seconde, qui doit s'intégrer obligatoirement au récit.

# Fiche 22

# Un document vidéo pour analyser l'expression non verbale

# Niveau : A2

Seule l'image animée permet de visualiser, sur le vif, toutes les nuances de la communication non verbale. Ces manifestations : petits bruits, gestes, mimiques, silences, regards, sont des aides précieuses pour l'apprenant qui doit très tôt savoir les reconnaître, voire les utiliser.

### Objectif

Découvrir et interpréter les gestes et les mimiques d'un locuteur de la langue cible dans un document de quelques minutes.

### Démarche

Il est utile de travailler à partir de séquences de films choisies pour la richesse des manifestations non verbales. Comme nous l'avons suggéré pour l'image fixe, l'enseignant aura tout intérêt à se constituer une petite vidéothèque didactique en portant un regard pédagogique sur les films qu'il visionne pour se détendre…

### Consigne à donner avant le visionnement

« Vous relèverez toutes les manifestations non verbales qui vous semblent significatives. »

- Visionner une première fois la séquence, sans le son.
Définir les statuts des personnages et la situation de communication.
Établir oralement un inventaire des manifestations intéressantes relevées et faire justifier les choix.

- Visionner à nouveau le document, toujours sans le son, avec arrêt sur image pour vérification des descriptions.
Noter au tableau les manifestations retenues (exemple : « il hausse les épaules »), leur interprétation (« il en assez » et les propositions de traduction linguistique (il dit : « Ça suffit ! »).

- Visionner une dernière fois le document, avec le son, pour confirmer ou infirmer les productions proposées.

# Bibliographie

## Dictionnaires

COSTE, D., GALISSON, R., *Dictionnaire de didactique des langues*, Paris, Hachette, coll. F, 1976.

CUQ, J.-P., *Dictionnaire de didactique du français*, Paris, CLE International, 2003.

*Dictionnaire de linguistique*, Paris, Larousse, 1973.

*Dictionnaire encyclopédique des sciences du langage*, Paris, Seuil, 1972.

REY-DEBOVE, J. (dir.), *Dictionnaire du français : référence apprentissage*, Paris, CLE International-Le Robert, 1999.

## Ouvrages

### Didactique générale

BACHMAN, *Langage et communications sociales,* Hatier-CREDIF, coll. Langues et apprentissage des langues (LAL), Paris, 1981.

BARLOW, M., *Formuler et évaluer ses objectifs en formation,* Chroniques sociales de Lyon, 1989.

BERARD E., *L'approche communicative*, CLE International, coll. Didactique des langues étrangères (DLE), Paris, 1991.

BERTOCCHINI P., COSTANZO E., *Manuel d'autoformation à l'usage des professeurs de langues,* Hachette, coll. F, Paris, 1989.

BESSE H., *Méthodes et pratiques des manuels de langue*, Didier, Paris, 1985.

BESSE H., *Polémique en didactique*, CLE International, 1980.

BOYER H., BUTZBACH M., PENDANX M., *Nouvelle introduction à la didactique du français langue étrangère*, CLE International, Paris, 1990 (nouvelle édition).

CANALE, M. et SWAIN, M. Theoretical bases of communicative approaches to language teaching and testing, *Applies linguistics*, 1980.

COSTE, D., COURTILLON, J., FERENZI, V., MARTINS-BALTAR, M., PAPO, ROLET, E., *Un niveau-seuil*, Conseil de l'Europe, 1976 ; Hatier, Paris, 1981.

COSTE, D. (dir) (1994), *Vingt ans dans l'évolution de la didactique des langues*, (1968-1988), coll. Langues et apprentissage des langues (LAL), Hatier-CREDIF, Paris.

CUQ, J.-P., *Le français langue seconde. Origines d'une notion et implications didactiques,* Hachette, coll. Références, Paris, 1991.

CUQ, J.-P. (2000), « Langue maternelle, langue seconde, langue étrangère et didactique des langues in *Le français dans le monde. Une didactique des langues pour demain*, n° spécial juillet 2000, CRAPEL.

GALISSON R, *D'hier à aujourd'hui, la didactique des langues étrangères*, CLE International, Paris, 1980.

GALISSON, R., *D'autres voies pour la didactique des langues étrangères*, Hatier-CREDIF, coll. Langues et apprentissage des langues (LAL), Paris, 1982.

GAONAC'H D., *Théories d'apprentissage et acquisition d'une langue étrangère*, Hatier-CREDIF, coll. LAL., Paris, 1987.

GERMAIN C., *Évolution de l'enseignement des langues : 5 000 ans d'histoire*, CLE International, Paris, 1993.

PUREN C., *Histoire des méthodologies de l'enseignement des langues* Nathan-CLE International, 1988.

RICHTERICH, R., WIDDOWSON, H.G., *Description, présentation et enseignement des langues,* Hatier-CREDIF, coll. Langues et apprentissage des langues (LAL), Paris, 1981.

RICHTERICH, R., *Objectifs d'apprentissage et besoins langagiers*, Hachette, Paris, 1985.

SALINS, G.-D. de, *Une approche ethnographique de la communication*, Hatier-CREDIF, coll. Langues et apprentissage des langues (LAL), Paris, 1988.

SALINS, G.-D. de, *Une introduction à l'ethnographie de la communication : pour la formation à l'enseignement du français langue étrangère,* Didier, Paris, 1992.

SCHIELS, Joe, *La communication dans la classe de langue,* Conseil de l'Europe, 1991.

VIGNER, G., *Enseigner le français comme langue seconde*, CLE International, coll. Didactique des langues étrangères (DLE), Paris, 2001.

**Créativité, vidéo**

AUGE, H., BOROT, M.-F., VIELMAS, M., *Jeux pour parler, jeux pour créer*, CLE International, Paris, 1981.

BOURRON, Y., DENNEVILLE, J. *Se voir en vidéo. Pédagogie de l'autoscopie.* Les Éditions d'Organisation, Paris, 1991.

CARÉ, J.-M., DEBYSER, F. *Jeux, langage et créativité*, Hachette-Larousse, Paris, 1978.

LANCIEN, Th., *Le document vidéo*, CLE International, Paris, 1987.

MAURICE, M., *Gazettes du Réseau vidéo correspondance*, CIEP, BELC, Paris, 1983.

WEISS F., *Jeux et activités communicatives dans la classe de langue*, Hachette, Paris, 1983.

### Grammaire

ARRIVÉ M., GADET F., GALMICHE M., *La grammaire aujourd'hui, guide alphabétique de linguistique française*, Flammarion, 1986.

BÉRARD, E., *Grammaire du français, niveaux A1/A2*, Didier, Paris, 2005.

BÉRARD, E., LAVENNE, C. *Grammaire utile du français*, Hatier, Paris, 1991.

BESSE, H. et PORQUIER, R., *Grammaires et didactique des langues,* Hatier-CREDIF, coll. Langues et apprentissage des langues (LAL), Paris, 1984.

CALLAMAND, M., *Grammaire vivante du français*, Larousse, Paris, 1988.

CHARAUDEAU P., *Grammaire du sens et de l'expression*, Hachette, 1992.

CUQ, J.-P., *Une introduction à la didactique de la grammaire en français langue étrangère,* Didier-Hatier, 1996.

De SALINS, G.-D., *Grammaire pour l'enseignement/apprentissage du FLE*, Didier-Hatier, 1996.

LE GOFFIC P., *Grammaire de la phrase française,* Hachette éducation, 1994.

MOIRAND S., *Une grammaire des textes et des dialogues*, Hachette, coll. Auto-formation, 1990.

MONTREDON J., *Imparfait et compagnie*, CLE International, 1987.

WEINRICH H., *Grammaire textuelle du français*, Hatier-Didier, 1989.

### Lexique

GALISSON R., *Lexicologie et enseignement des langues*, Hachette, Paris, 1979.

GIRARDET J, CRIDLIG J.-M., *Vocabulaire niveau débutant/intermédiaire et niveau avancé*, Clé International, Paris, 1992 et 1993.

### Civilisation, interculturel

BEACCO J.-C. et LIEUTAUD, S., *Mœurs et mythes. Lecture des civilisations et documents écrits*, Paris, Hachette-Larousse, 1981.

BEACCO J.-C., *Les dimensions culturelles des enseignements de langue*, Paris, Hachette, coll. Références, 2000.

GALISSON R., *De la langue à la culture par les mots*, CLE International, 1993.

ZARATE G., *Enseigner une culture étrangère*, Hachette, coll. F, 1986.

### Évaluation

BOLTON S., *Évaluation de la compétence communicative en langue étrangère*, coll. Langues et apprentissage des langues (LAL), Hatier-CREDIF, 1987.

CONSEIL DE L'EUROPE, *Evaluation and testing in the learning and teaching of languages for communication*, Conseil de l'Europe, Strasbourg, 1988.

DELORME, C., *L'évaluation en questions*, ESF, Paris, 1987.

HADJI C., *L'évaluation, règles du jeu, des intentions aux outils*, ESF, 1989.

LUSSIER D., *Évaluer les apprentissages dans une approche communicative*, Hachette, 1992.

NUNZIATI G., « Pour construire un dispositif d'évaluation formatrice », *Cahiers pédagogiques, Apprendre*, n° 280, 1990.

PORCHER L., *L'évaluation en didactique des langues et des cultures*, Didier Érudition, Paris, 1990.

TAGLIANTE C., *L'évaluation et le Cadre européen commun*, CLE International, coll. Techniques de classe, 2005.

### Phonétique, phonologie

CALLAMAND, M., *Méthodologie de l'enseignement de la prononciation : organisaton de la matière phonique du français et correction phonétique*, CLE International, Paris, 1981.

GUIMBRETIÈRE, E., *Phonétique et enseignement de l'oral*, Didier-Hatier, 1994.

### Pédagogie de l'oral

LEBRE-PEYTARD, M., *Situations d'oral*, CLE International, Paris, 1990.

CICUREL, F., *Parole sur parole. Le métalangage en classe de langue*, CLE International, Paris, 1985.

### Pédagogie de l'écrit

HOFFBECK, G., WALTER, J., *Savoir prendre des notes vite et bien*, Dunod, Paris, 1987.

MOIRAND S., *Situations d'écrit*, CLE International, Paris, 1979.

SIMONET, R. et J., *La prise de notes intelligente*, Les Éditions d'Organisation, Paris, 1988.

VIGNER G., *Lire : du texte au sens*, CLE International, Paris, 1979.

### Pédagogie de la littérature

GOLDENSTEIN J.-P., *Entrées en littérature*, Hachette, coll. F, Paris, 1990.

PEYTARD J. et *alii*, *Littérature et classe de langue*, Hatier-CREDIF, coll. LAL, 1982

# Sites et adresses utiles

## Sitographie sélective

### Les groupements professionnels
http://www.fle.fr/
– Un répertoire d'une cinquantaine de centres de fle en France ;
– des ressources pédagogiques pour la classe ;
– des informations sur les formations professionnelles et les stages ;
– des offres d'emploi régulièrement mises à jour.

http://fle.asso.free.fr/asdifle, site de l'ASDIFLE
(Association de didactique du français, langue étrangère)

### Des revues pour le professeur de fle
*Le français dans le monde*
www.fdlm.org

### Des ressources pour le professeur de fLE
http://clicnet.swarthmore.edu/fle.html
https://oraprdnt. uqtr. uquebec. ca/pls/public/gscw030 ? owa_no_site = 254
http://www.francofil.net/fr/fle_fr. html

### Des portails
http://www.franc-parler.org/
http://personales.mundivia.es/jcnieto/Index_fr. html
http://fle.asso.free.fr/liens/
http://www.edufle.net
http://www.cidj.asso.fr Centre d'information et de documentation jeunesse, qui
édite une fiche « Professeur langue étrangère ».

## Liste d'adresses utiles

### Expolangues : OIF
Siège : 13 quai André Citroën 75015 Paris
Tél. 01 44 37 33 00
Fax 01 45 79 14 98
Site : http://agence.francophonie.org

### Maisons d'édition
Hachette : http://www.fle.hachette-livre.fr
Clé International : **http://www.cle-inter.com**
Didier : http://www.didierfle.com

N° d'éditeur : 10146996 - DL : Octobre 2007

Imprimé en France par EMD S.A.S. - 53110 Lassay-les-Châteaux - N° dossier : 18230